U0462338

朱向前 著

毛泽东诗词书情画意

江西美术出版社
全国百佳图书出版单位

序

陈 晋

　　我与朱向前见面不多，但缘分不浅。

　　屈指算来，我们相识已 30 多年了。20 世纪 80 年代中期，我们因文学批评始有交集。大概是 1987 年吧，我的老师、时任《文学评论》编辑部主任的陈骏涛先生在《中国青年报》开了一个推介青年批评家的小专栏，将一干崭露头角的青年新进逐一推出，我和向前也在其中。因为这次"同框"，我们的相通处似又进了一步。后来由于工作关系，我渐渐淡出了文学界，只是偶或得到一些朱向前在文学界风生水起的讯息，特别是在军旅文学批评和史论方面蔚成气候，我都觉得顺理成章。

　　一直到了新世纪初——2006 年年末吧，忽一日，看到朱兄在中央电视台军事频道开讲毛泽东诗词——这大概是央视首次开讲毛泽东诗词吧，让人大吃一惊而又耳目一新。荧屏上的朱向前似乎不是我熟悉的那个朱向前了，这不仅是一个作为文学家的朱向前，也不仅是一个作为学者的朱向前。面对镜头他侃侃而谈、言之凿凿……这些都不让我讶异，让我略感意外的是，朱向前对毛诗的进入路径和研究心得。因为当时我已在毛诗领域深耕多年，对此一领域的现有成果和各位专家的基本思路都甚为了解，而比较之下，朱兄的解读确实有点与众不同。

他从作家本体视角进入，又从民族文化的深层结构上开掘。他用一个背景、两个代表、三个特点、四个佐证和五个来源共五大部分来结构他所谓"另一种解读"的框架。他讲故事式的讲述甚是抓人，同时又剥笋式地层层递进地论证他的主要论点，而且毫不含糊。比如，说毛泽东是中国最广大人民的代表，是承传中国优秀传统文化的代表，由此赢得现实也赢得历史，因而将赢得未来。如此等等，都是给人启迪的直言。最后，他深情感慨道："毛泽东是用诗写史，也是以史写诗，正事写史，余事写诗，诗史合一，是谓史诗。这才是一等一的大诗人，大手笔！"同样引起了我的共鸣和共情。

据说，朱兄讲毛泽东诗词突然火爆，不仅在电视上火了，也让多家出版社盯上了。不久，由央视讲稿修订而成的《诗史合一——毛泽东诗词的另一种解读》由人民出版社推出，又火了一把。朱向前这个毛诗研究领域的"新兵"，在中国毛泽东诗词研究会第三届理事会上当选为副会长。时隔20年，我们又走到了一起，成了"同事"。

此后，朱向前循序渐进，在进行"另一种解读"的同时，也开始在诗词文本的赏析方面下功夫了。虽说不是专业的诗学研究，确也彰显了文学批评的本色和灵气，有见地，有激情，有文采。这倒是我当年就熟悉的朱向前了。但这个都不是本书的特色。这本书叫作《江山如此多娇——毛泽东诗词书情画意》，突出的是书和画。所谓"书"，说的是书法，而且是朱向前的书法——由朱向前来书写的毛泽东诗词！

这就又让我吃了一惊。关于朱向前的写字，我素无印象。我知道的是，近年来很多老同志包括作家，到了一定年龄就好练字，这似乎成了一种潮流，莫非朱向前也随大流了？

拿到样书甫一浏览，我不敢说他写得有多好，但肯定超越了"老干体"——没有几年时间的临帖功夫是写不出来的；没有一定"字才"禀赋也难突击而出。他在传统的承继中，融入了雄强和浑圆的个性。朱向前自己说过，对毛泽东诗词不仅要研究、学习、阐发、宣讲，还要书写，甚至是直接临写毛体，以加深理解和感悟。看来，他在书写之中，注入了自己对毛泽东诗词的体会。

该书的"画意"，指的是傅抱石的大作。20世纪的中国画大师中，多有画毛泽东诗意、词意者，如刘海粟、李可染、关山月、吴作人诸公，但将当时正式公开发表的毛泽东诗词基本上都画了一遍的，唯傅抱石一人耳。此书中29首毛诗，配有29幅傅作，再加上朱向前的赏析文章和书法，也算得上是书情画意、图文并茂了。而且，傅抱石先生乃新余人氏，旧属袁州府，后归宜春地区，和朱向前是正宗老乡。两个宜春老表在江西美术出版社推出《江山如此多娇——毛泽东诗词书情画意》，向毛泽东诞辰130周年献礼，其情其意，当为敬贺。对于我们中国毛泽东诗词研究会来说，更是一桩大好事，更应当敬贺。

向前兄嘱我作序，拉拉杂杂写下这些，也算是一片野人奏曝之诚吧。

（作者系中国毛泽东诗词研究会会长、原中共中央文献研究室副主任）

目录

贺新郎·别友

毛泽东词意画　傅抱石作

贺新郎·别友 (1923年)

挥手从兹去。更那堪凄然相向，苦情重诉。眼角眉梢都似恨，热泪欲零还住。知误会前番书语。过眼滔滔云共雾，算人间知已吾和汝。人有病，天知否？

今朝霜重东门路，照横塘半天残月，凄清如许。汽笛一声肠已断，从此天涯孤旅。凭割断愁丝恨缕。要似昆仑崩绝壁，又恰像台风扫寰宇。重比翼，和云翥。

003

人生难得一凄婉

——《贺新郎·别友》赏析

　　这首词写作时间诸说不同，不过相去不远。《毛泽东年谱》上说在 1923 年 12 月底，亦老编著《毛泽东诗词鉴赏》说在 11 月到 12 月之间。当是时——1923 年 4 月，湖南省省长赵恒惕下令通缉"过激派"毛泽东。12 月，毛泽东接到中共中央通知赴上海，准备参加 1924 年 1 月在广州召开的国民党第一次全国代表大会。长相厮守、相濡以沫是所有相爱夫妻的共同愿望，青年毛泽东亦然，况且毛泽东次子毛岸青 11 月刚刚出生，这次离别的伤感我们就更加不难想象。作为一个革命者，为了事业可以抛头颅洒热血，但是，革命者也有真性情，而且我认为真正的革命者只会比常人的感情更加强烈。"无情未必真豪杰，怜子如何不丈夫。知否兴风狂啸者，回眸时看小於菟。"（鲁迅《答客诮》）作为有着敏感心灵的诗人，毛泽东更加不例外。不信，我们就看看这首刚柔并济、感人至深的《贺新郎·别友》。

　　上阕首句"挥手从兹去"取自李白的五律《送友人》中的尾联"挥手自兹去，萧萧班马鸣"。同样的依依不舍，但是毛泽东的离别少了李白的飘逸潇洒和隽爽，因为毛泽东别的"友"不光是意气相投的朋友，更是情深意切的爱侣，既然是"凄然相向"，而且"苦情重诉"，一个诉，一个听，说明心情凄然的不光是杨开慧一个人，毛泽东的心情也是"凄然"的。这时候毛泽东眼中的杨开慧是一个什么形象呢？"眼角眉梢都似恨，热泪欲零还住"，强忍住的泪水当然比大声的号啕更加打动人心，真是无限哀怨，楚楚动人。我们同时也可以看出，年轻的毛泽东这时候和新婚妻子杨开慧刚闹了一

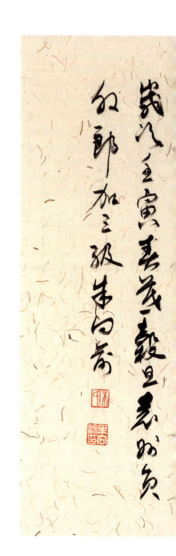

挥手从兹去。更那堪凄然相向，苦情重诉。眼角眉梢都似恨，热泪欲零还住。知误会前番书语。过眼滔滔云共雾，算人间知己吾和汝。人有病，天知否？

今朝霜重东门路，照横塘半天残月，凄清如许。汽笛一声肠已断，从此天涯孤旅。凭割断愁丝恨缕。要似昆仑崩绝壁，又恰像台风扫寰宇。重比翼，和云翥。

临毛泽东书《贺新郎·别友》　朱向前

《贺新郎·别友》 朱向前

下别扭。这个别扭到底是什么，现在看来已经不重要了。大概是毛泽东给杨开慧的一封家书中有让杨开慧误会的话，使她感到不快，所以很伤心。其实，夫妻之间的这种误会是难以解释，也不必解释的。毛泽东接下去说："过眼滔滔云共雾，算人间知己吾和汝。"意思是，在波诡云谲的乱世之中，只有你是我人间的知己。"人有病，天知否？"是毛泽东在时隔50年之后——1973年改定的，不是最初的版本。毛泽东当时写的是"重感慨，泪如雨"。这两句到底哪个好，这是一个见仁见智的问题，如果说"重感慨，泪如雨"说的是夫妻之间的别离之苦，那么"人有病，天知否？"说的就不光是两个人的事情了，我想毛泽东此时此刻在这里颇寄寓了一些天下为公的博大精神。

下阕中"横塘"是指长沙小吴门外的清水塘，因塘东西长、南北窄，故作者称"横塘"。唐代崔颢《长干曲》中有："君家何处住？妾住在横塘。""横塘"一般指妇女居处。这里描述的是出门时路上的情景。伤感的人眼中的世界就是伤感的，就好像快乐的人眼中的世界就是快乐的一样。"霜重东门路""横塘半天残月"，这个场景多么凄清和迷离！毛泽东想的是什么？随着一声汽笛响起，毛泽东就要和妻子各自天涯孤旅了，不知何年何月才能相见，正是"浮沉各异势，会合何时谐"。诗人毛泽东要"凭割断愁丝恨缕"。这一句很浅白，易于理解，同时也为最后的爆发打下了基础。后面这几句充满了革命的浪漫主义色彩："要似昆仑崩绝壁，又恰像台风扫寰宇。重比翼，和云翥。"这几句和毛泽东晚年的词风颇类似，气壮山河，很像"四海翻腾云水怒，五洲震荡风雷激"之类的句子，不像毛泽东早年的手笔。其实，这几句也是毛泽东晚年改定的。毛泽东当时写的是"我自欲为江海客，更不为昵昵儿女语。山欲堕，云横翥"。修改后的版本显然比起初的版本更为精彩。"我自欲为江海客，更不为昵昵儿女语"在我看来有些少年任侠，甚至还带有一点"孩儿立志出乡关，学不成名誓不还"的味道。"山欲堕，云横翥"也没有"重比翼，和云翥"这样大气磅礴。一个是单单写景，尽管是山摇地动，气势很大，但是后者自比鲲鹏，腾云驾雾，壮志凌云，气度雍容，更为不凡。这跟毛泽东在两个不同时期的地位和心境当然是相吻合的。

　　这首词和《虞美人·枕上》都是毛泽东写给妻子杨开慧的，两

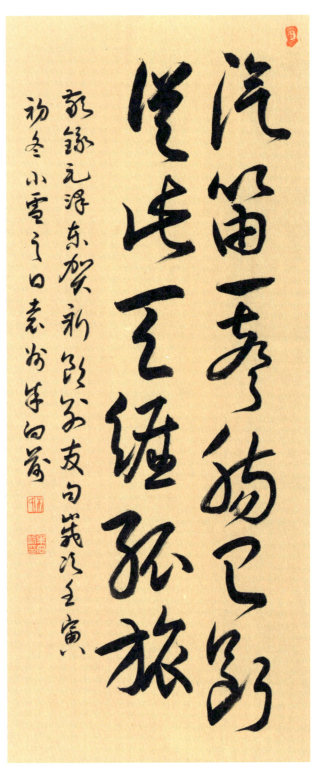

节录毛泽东《贺新郎·别友》 朱向前

首词都是少有的好词。两首词在风格上既有类似，也有不同，但同样凄清孤寂、深情款款、儿女情长、催人泪下。《虞美人·枕上》有"堆来枕上愁何状，江海翻波浪""一钩残月向西流，对此不抛眼泪也无由"的词句。《贺新郎·别友》有"挥手从兹去。更那堪凄然相向""眼角眉梢都似恨，热泪欲零还住"这样情真意切的词句，更有"汽笛一声肠已断，从此天涯孤旅"这样极端伤感，甚至伤感得有些任性的句子。而这样为一己私情而任性、率真、儿女情长的句子，在此后的毛泽东诗词中几乎没有出现过。

沁园春·长沙

毛泽东《沁园春·长沙》词意图　傅抱石作

沁园春·长沙 （1925年）

独立寒秋，湘江北去，橘子洲头。看万山红遍，层林尽染；漫江碧透，百舸争流。鹰击长空，鱼翔浅底，万类霜天竞自由。怅寥廓，问苍茫大地，谁主沉浮？

携来百侣曾游。忆往昔峥嵘岁月稠。恰同学少年，风华正茂；书生意气，挥斥方遒。指点江山，激扬文字，粪土当年万户侯。曾记否，到中流击水，浪遏飞舟？

惊天二问动天下

——《沁园春·长沙》赏析

这是 1925 年秋天，32 岁的毛泽东即将奔赴广东去主持农民运动讲习所之际，故地重游，追往思来，感慨良多，诗兴大发，一挥而就。这时的毛泽东正处于从一个青年马克思主义知识分子向武装革命的实践者和领导者转变的过渡期。虽然此前毛泽东在组织领导湖南学生"驱张运动"、成立新民学会、建立共产主义小组诸事上都成绩斐然，但要说真正的武装斗争，还得是整整两年以后的 1927 年秋收起义。所以，词中还保留了"指点江山，激扬文字"的"书生意气"。同时，这又是毛泽东告别书生意气、踏上问鼎天下之路的青春宣言，初步显示了毛泽东作为一代诗人的基本特点——气势磅礴，想象浪漫，文辞华美。

譬如"文辞华美"方面，开篇"独立寒秋，湘江北去，橘子洲头"，即使人联想到以屈原为代表的楚文化的光昌流丽和奇谲想象与意境——"洞庭波兮木叶下"的那种寂寥、邈远、萧瑟感扑面而来；同时又有鲁迅"两间余一卒，荷戟独彷徨"的孤独感。下来笔锋一转，"看万山红遍，层林尽染；漫江碧透，百舸争流。鹰击长空，鱼翔浅底，万类霜天竞自由"。色彩绚烂，文辞斑斓，生机盎然，又流露出青年毛泽东对世间万事万物的好奇心，仰观俯察，细致入微，以至于一鸟一鱼，都历历在目，又令人想起柳宗元《小石潭记》中之名句："皆若空游无所依，日光下澈，影布石上。"尽精微，致广大，显示了中国传统文学对诗人的深厚浸润。

再譬如"气势磅礴"方面，"看万山红遍""万类霜天竞自由""粪土当年万户侯"，一口气用了三个"万"字，大气逼人，不仅不觉堆砌，

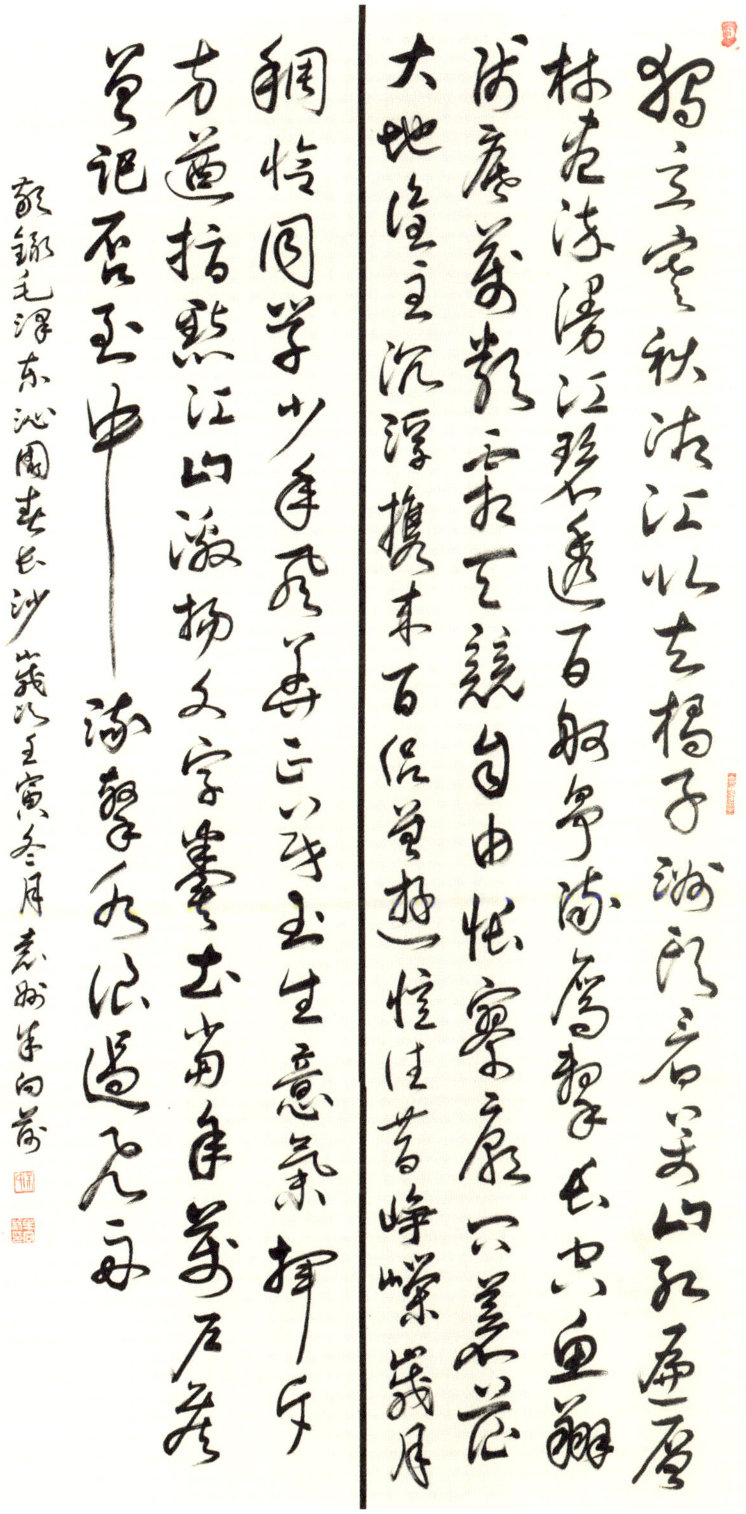

独立寒秋，湘江北去，橘子洲头。看万山红遍，层林尽染；漫江碧透，百舸争流。鹰击长空，鱼翔浅底，万类霜天竞自由。怅寥廓，问苍茫大地，谁主沉浮？

携来百侣曾游。忆往昔峥嵘岁月稠。恰同学少年，风华正茂；书生意气，挥斥方遒。指点江山，激扬文字，粪土当年万户侯。曾记否，到中流击水，浪遏飞舟。

敬录毛泽东沁园春长沙 岁次壬寅三月 朱向前

《沁园春·长沙》 朱向前书

《独立寒秋》 朱向前书

毫无病态，反倒显得珠玉流转，层叠回环，气势雄霸。更厉害的还是上下阕结束的两问：

"怅寥廓，问苍茫大地，谁主沉浮？"这一问，石破天惊，犹如屈原之"天问"，更像骆宾王的檄文之问："请看今日之域中，竟是谁家之天下？"

正像毛泽东为《湘江评论》所写的社论《民众的大联合》中所言："天下者，我们的天下。国家者，我们的国家。社会者，我们的社会。我们不说，谁说？我们不干，谁干？"1923年6月，毛泽东参加了中国共产党第三次全国代表大会，此时的毛泽东，刚过而立之年，虽说在中国共产党第三次全国代表大会上当选为中央执行委员，但那时中共弱小，尚未执政，他的具体工作是回韶山建立党支部，职务相当于今天的村支书；同时他自己还正遭到湖南省省长赵恒惕的通缉，有生命危险。可是毛泽东将个人安危置之度外，以天下为己任，继续为中国革命勇往直前！可以说，此首词作中足见青年毛泽东三大精神特质：一是以天下为己任的雄心壮志，二是百折不挠的斗争精神，三是坚定不移的必胜信念。此三点可视为毛泽东一生的成功秘诀，也是他留给中华民族的重要精神遗产，特别值得今天的青年人学习。

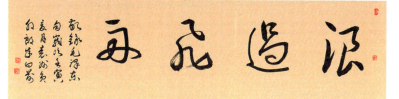

《万山红遍》 朱向前书

《浪遏飞舟》 朱向前书

然后就是下阕，"携来百侣曾游。忆往昔峥嵘岁月稠。恰同学少年，风华正茂；书生意气，挥斥方遒。指点江山，激扬文字，粪土当年万户侯"。注意全词的最后一问："曾记否，到中流击水，浪遏飞舟？"这一问，直抵要害。此问也有两解：一解是，问罗章龙、周世钊、李维汉、萧子升等同学少年、三湘才俊，还记得吗？当年为了饿其体肤、劳其筋骨、磨其心志，"自信人生二百年，会当水击三千里"，在湘江游泳激起的浪花阻遏了飞驶的行船。二解是，还记得当年我们的约定吗？我们相约在国家、民族需要的时候，挺身而出，投身时代的洪流之中，掀起滔天的革命巨浪，打翻旧中国那艘即将沉没的破船！现在时候到了，毛泽东即将去广州农民运动讲习所，培养农民运动的种子，并将之撒向全国。他坚信星星之火可以燎原。

24年后，毛泽东领航的新中国航船驶出了东方的地平线！真个是：热血唱响《沁园春》，惊天二问动天下。

如果说《沁园春·雪》是中年毛泽东领导中国共产党取得革命胜利的预言，那么《沁园春·长沙》就是青年毛泽东意欲问鼎天下的豪迈宣言。

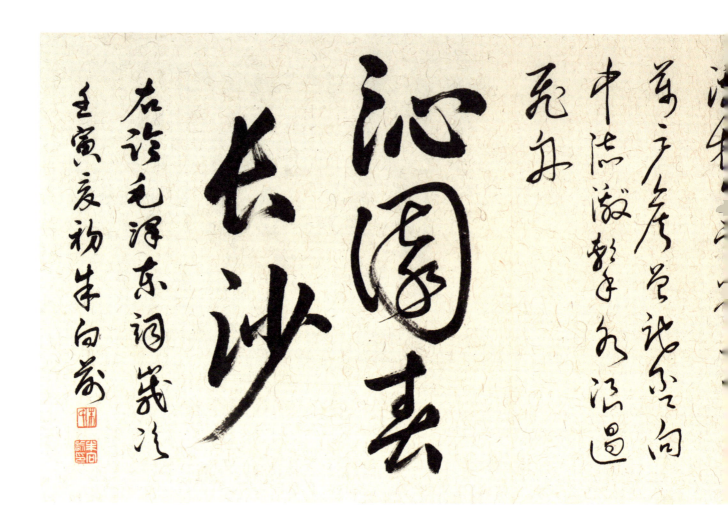

沁园春 长沙

右诗毛泽东词一首
壬寅岁初辛白篆

独立寒秋，湘江北去，橘子洲头。看万山红遍，层林尽染；漫江碧透，百舸争流。鹰击长空，鱼翔浅底，万类霜天竞自由。怅寥廓，问苍茫大地，谁主沉浮？

携来百侣曾游，忆往昔峥嵘岁月稠。恰同学少年，风华正茂；书生意气，挥斥方遒。指点江山，激扬文字，粪土当年万户侯。曾记否，到中流击水，浪遏飞舟？

临毛泽东书《沁园春·长沙》 朱向前

菩萨蛮·黄鹤楼

毛泽东《菩萨蛮·黄鹤楼》词意图　傅抱石作

菩萨蛮·黄鹤楼 （1927 年春）

茫茫九派流中国，沉沉一线穿南北。烟雨莽苍苍，龟蛇锁大江。

黄鹤知何去？剩有游人处。把酒酹滔滔，心潮逐浪高！

毛泽东词作中仅见的沉郁顿挫之作
——《菩萨蛮·黄鹤楼》赏析

这首词创作于 1927 年春。1927 年，以蒋介石为首的国民党右派叛变了革命。4 月 12 日，蒋介石发动了反革命政变，大肆屠杀共产党人和革命群众，并逐渐掌握了政权。从此以后，国共两党分道扬镳。四一二反革命政变后不久，34 岁的毛泽东到武汉参加中国共产党第五次全国代表大会，当时的革命形势日趋险恶。但是，不管毛泽东在大会上的发言是多么切中要害，陈独秀等人还是对国民党反动派一味姑息，畏首畏尾，自命清高，没有勇气采纳毛泽东的积极意见。关于中国革命，毛泽东在《湖南农民运动考察报告》中写道："革命不是请客吃饭，不是做文章，不是绘画绣花，不能那样雅致，那样从容不迫，文质彬彬，那样温良恭俭让。革命是暴动，是一个阶级推翻一个阶级的权力的暴烈的行动。农村革命是农民阶级推翻封建地主阶级的权力的革命。农民若不用极大的力量，决不能推翻几千年根深蒂固的地主权力。农村中须有一个大的革命热潮，才能鼓动成千成万农民群众，形成这个大的力量。"于是诗人便怀着沉痛得有些激愤的心情写下了这首著名的《菩萨蛮·黄鹤楼》。

上阕起句用一句对仗工整的"茫茫九派流中国，沉沉一线穿南北"，勾勒出凭楼远眺的雄浑苍茫之景：大江茫茫东去，众多支流颟洞开去，纵横交错地覆盖在广大的中部地区，沉重的铁轨好像一根钨丝贯穿大江南北。"烟雨莽苍苍，龟蛇锁大江"，淫雨霏霏，如雾如霭，诗人眼前的景象辽阔而又迷茫。隔江对峙的龟、蛇两山，像一把巨大的锁，锁住了大江和武汉城。眼前的景象在诗人眼里不茫茫九派流中国，沉沉一线穿南北。烟雨莽苍苍，龟蛇锁大江。黄鹤知何去？剩有游人处。把酒酹滔滔，心潮逐浪高。

敬录毛泽东菩萨蛮黄鹤楼 壬寅岁末向前

临毛泽东书《菩萨蛮·黄鹤楼》　朱向前

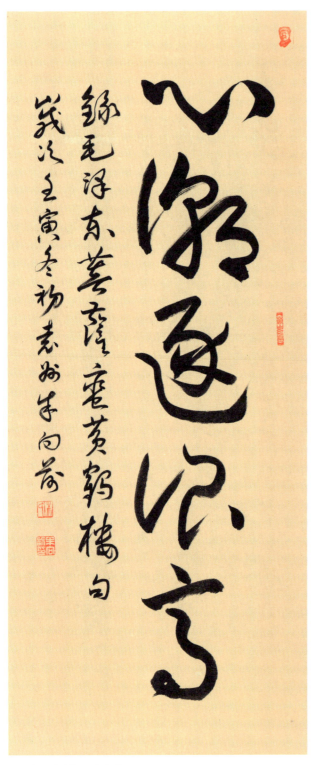

《心潮逐浪高》 朱向前书

是朦胧的美丽，而是沉重凄迷，不可预知，雾气蒙蒙，妖气腾腾。这哪里有一点毛泽东式的轻松和自信，明明都是灾难来临之前的征兆。此时的毛泽东，对于大革命的失败，恐怕已有了心理准备。

下阕虽十分流畅，但也同样充塞着一股压抑的气韵。"黄鹤知何去？剩有游人处。"这里化用了崔颢《黄鹤楼》的"昔人已乘黄鹤去，此地空余黄鹤楼。黄鹤一去不复返，白云千载空悠悠"。黄鹤已远去，茫茫江汉之上空余一楼，引人不尽的遐思。黄鹤的意象在毛泽东的这首词里有什么特别的象征意义呢？是大革命的光明前景吗？有可能。但是毛泽东自己在1958年如是批注："一九二七年，大革命失败的前夕，心情苍凉，一时不知如何是好。这是那年的春季。夏季，八月七号，党的紧急会议，决定武装反击，从此找到了出路。"这段话可以作为很好的解释，毛泽东当时"心情苍凉，一时不知如何是好"。在这样的心情统驭之下，他焦虑万分，顾望怀愁，这些信息在这首词里都有充分的表露。由此可以看出，黄鹤的联想是诗人潜意识里自然流露的，而不是刻意为之。

"把酒酹滔滔，心潮逐浪高"，可以解释为一个反弹，化自苏轼的"人生如梦，一樽还酹江月"。到这一句，我们还是可以看出毛泽东一贯的激情，但是这种激情有点低沉，有点底气不足，从音韵上我们能够读到的不是张扬，而是低回。奇怪的是，我看到这一句的时候，又联想到了曹操把酒临风的形象。曹操一直是毛泽东推崇备至的大诗人。曹操的《短歌行》中有这么几句，我自以为和毛泽东的这一句异曲同工："对酒当歌，人生几何？譬如朝露，去日

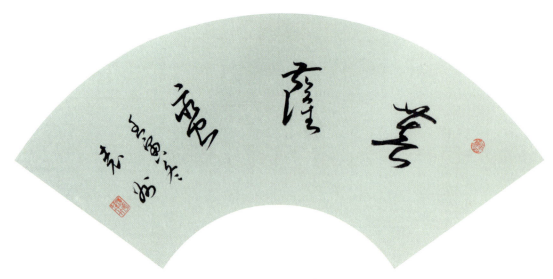

《菩萨蛮》 朱向前书

《黄鹤楼》 朱向前书

苦多。""明明如月，何时可掇？忧从中来，不可断绝。""月明星稀，乌鹊南飞。绕树三匝，何枝可依？"曹操和毛泽东都有"直挂云帆济沧海"的雄心壮志，苦恨这雄心难以实现。国民党右派力量日渐强大，无疑增大了革命的难度。而面对险峻的革命形势，毛泽东的正确意见却得不到党中央的及时采纳，甚至连表决权都被剥夺了，他的苍凉心情和失落彷徨不难理解。

通篇来看，气势低沉雄浑，气象恢宏辽阔，毛泽东的悲哀是伟人才有的悲哀；同理，毛泽东的自信也是伟人才有的自信。在如此险恶的形势之下，他还是相信自身的力量将汇入农民群众的抗争力量之中，还能怀揣不屈不挠的斗争意志，这足以令人感到震撼。果然，正如他所言，几个月以后，八七会议批判和纠正了陈独秀右倾机会主义错误。1927年9月9日，毛泽东领导的秋收起义掀开了中国革命新的一页。

西江月·井冈山

毛泽东《西江月·井冈山》词意图 傅抱石作

西江月·井冈山 (1928年秋)

山下旌旗在望，山头鼓角相闻。敌军围困万千重，我自岿然不动。　早已森严壁垒，更加众志成城。黄洋界上炮声隆，报道敌军宵遁。

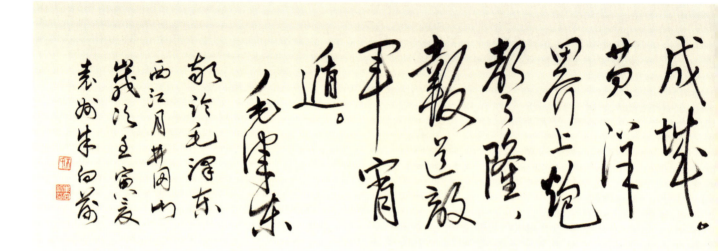

何以"岿然不动"

——《西江月·井冈山》赏析

　　1928 年 8 月下旬，国民党湘军第 8 军第 1 师，趁红四军主力不在的间隙偷袭井冈山革命根据地。红四军留守军民在敌我兵力悬殊的情况下，漂亮地打退了敌人，取得了黄洋界保卫战的胜利并宣告第二次反"会剿"的胜利。毛泽东听闻这一捷报，欣然命笔，一挥而就，写下了这首豪迈的"颇有山大王的气概"（鲁迅的口头评价）的词。

　　全词描写的就是毛泽东站在山头俯瞰黄洋界保卫战的场面。当然，是想象中的俯瞰，黄洋界保卫战不是毛泽东具体指挥的。保卫战进行时，毛泽东正率领红四军第 31 团第 3 营赶赴湖南桂东接应朱德率领的红四军主力，9 月下旬才回到井冈山。

　　上阕："山下旌旗在望，山头鼓角相闻。敌军围困万千重，我自岿然不动。"红军和国民党军队正在厮杀，红旗可以看到，军号

井冈山 山下旌旗在望 山头鼓角相闻 敌军围困万千重 我自岿然不动 早已森严壁垒

临毛泽东书《西江月·井冈山》 朱向前

正指引着战士们左冲右突奋勇杀敌。而敌人黑压压地围困在峭壁之下，虽人数众多，力量强大，我军却岿然不动——尽管人数少（由于7月朱、毛分别带红四军主力下山袭敌，山上守军不足一营），阵脚却扎得极稳，充分显示出指挥员（第31团党代表何挺颖）的指挥若定和红军战士的勇猛沉着。相较之下，国民党军就好像一群涣散的土匪，多而无益，根本摸不清红军的情况。

下阕："早已森严壁垒，更加众志成城。黄洋界上炮声隆，报道敌军宵遁。"这描写的是战果。根据地军民早把防御工事构建得森严坚固，齐心协力，众志成城，这两句暗示战斗的胜利。"黄洋界上炮声隆"，并不是我们想象中的众炮齐发，转眼间敌军灰飞烟灭，隆隆炮声是当时红四军仅有的一门小迫击炮发出的。而关于这门紧急调来的神奇的小迫击炮，有两种说法：第一种，"次日中午（也就是8月31日），红军由茨坪调来唯一的一门迫击炮进行增援，打出仅有的两发炮弹，弹弹命中目标"；第二种，"8月30日下午4

《西江月·井冈山》　朱向前书

时左右，我守军在黄洋界以仅有的一门迫击炮向敌人集结攻山的部队轰击，前两发炮弹都因受潮没有打响，第三发终于在敌群中炸开了。敌人以为是我军主力已经回山，慌忙在当夜撤走了"。炮，只有一门没错，但它是 30 日下午 4 时还是 31 日中午打响的，炮弹是两发还是三发，是弹弹命中还是哑火了两发、命中了一发，就暂且存疑。即使是这次战斗的亲历者，面对这两种言之凿凿的书面历史，我想也无法一口咬定自己的记忆准确——这些问题只能留待史学家去考证了。

　　让我们回到文本，炮弹彻底击溃——吓退了来犯的敌人，"围困万千重"的敌人星夜逃跑了。全词用语浅白，尽显沉着冷静的大将之风。面对数倍于红军的凶恶敌人，留守的不足一个营的官兵都能英勇顽强，不急不躁，坚守阵地，最终击溃敌军，证明了他们置生死于度外的勇气和胜利的信念，同时也能看出毛泽东等人在革命根据地治军有方，深得民心，正是"早已森严壁垒，更加众志成城"。

何称治军有方？又何谓"众志成城"？一个具体事例很能说明问题：几乎是在湖南、江西国民党军队对红军进行第二次"会剿"的同时，也就是1928年8月下旬，毛泽东率领的第31团第3营和第28团余部在回井冈山的途中，战士因为饥饿吃了农民的玉米，毛泽东马上通知部队原地休息并进行了纪律教育。他当着官兵的面在一块竹牌上书写道："因为我军肚子饿了，为了充饥，把你的苞米吃光了，违犯了纪律。现在把两元钱（光洋）埋在土里，请收下。"

毛泽东在1934年1月27日瑞金第二次全国工农兵代表大会上所作总结《关心群众生活，注意工作方法》中指出："同志们，真正的铜墙铁壁是什么？是群众，是千百万真心实意地拥护革命的群众。这是真正的铜墙铁壁，什么力量也打不破的，完全打不破的。反革命打不破我们，我们却要打破反革命。在革命政府的周围团结起千百万群众来，发展我们的革命战争，我们就能消灭一切反革命，我们就能夺取全中国。"

当时，刚在井冈山站住脚，红军就实施了一系列"打土豪，分田地"的举措，很大程度上赢得和组织了群众，迅速建立了一个农民拥护下的坚固政权。有了严明的军纪和牢固的群众基础，中央红军接下来连续取得几次反"围剿"的伟大胜利也就毫不奇怪了。而黄洋界保卫战胜利的极端重要性，不仅仅是牢牢守住了朱毛红军苦心经营了一年的井冈山革命根据地，而且昭示了此后中国工农革命的战争胜利。

采桑子·重阳

毛泽东《采桑子·重阳》词意图　傅抱石作

寥廓江天万里霜 地石涨水 采桑子重阳词意

采桑子·重阳

（1929 年 10 月）

人生易老天难老，岁岁重阳。今又重阳，战地黄花分外香。　　一年一度秋风劲，不似春光。胜似春光，寥廓江天万里霜。

一反悲秋赋新篇

——《采桑子·重阳》赏析

　　该词作于 1929 年的重阳节（10 月 11 日）。此时，距离毛泽东领导的秋收起义也有两年了。而此一阶段毛泽东过得很糟心：在红四军党的第七次代表大会上落选了，丢掉了前委书记的职务，前委书记的职务由陈毅担任。毛泽东主张的游击战术被冠以"流寇主义"之名，被认为像黄巢和李自成一样难成大器；而他强调党对军队的领导必须加强，又被批评为有"形成家长制度的倾向"，遭到部下反对；再加上身染疟疾，缺乏医治，窝在永定县苏家坡养病。红四军党的第八次代表大会召开，他被要求用担架抬到上杭县城，会议

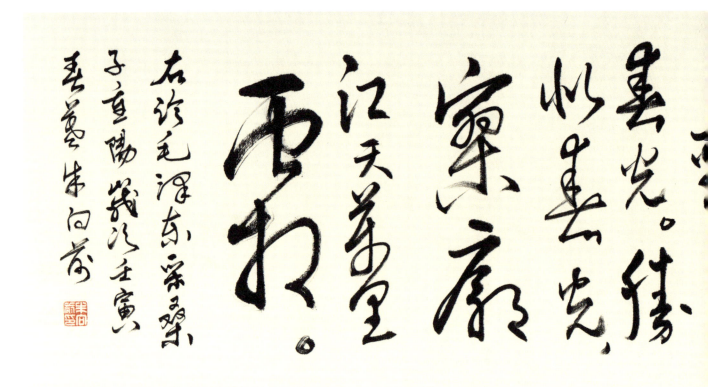

临毛泽东书《采桑子·重阳》　朱向前

却又结束了，并且依然没有恢复他的前委书记职务……

当此之际，毛泽东在上杭县城临江楼上养病，重阳佳节到来，院子里的黄花如散金般盛开。重阳，一个秋高气爽、登高观天地的日子，一个把酒临风、月下赏菊、遍插茱萸怀念先人的节日，毛泽东的梦想与现实再一次产生了距离，中间的这段距离正可以用诗情来弥补了。

这首词的版本不一，上下阕位置可以互换。究竟是"战地黄花分外香"还是"但看黄花不用伤"，哪句更好也说不清楚。姑且以《人

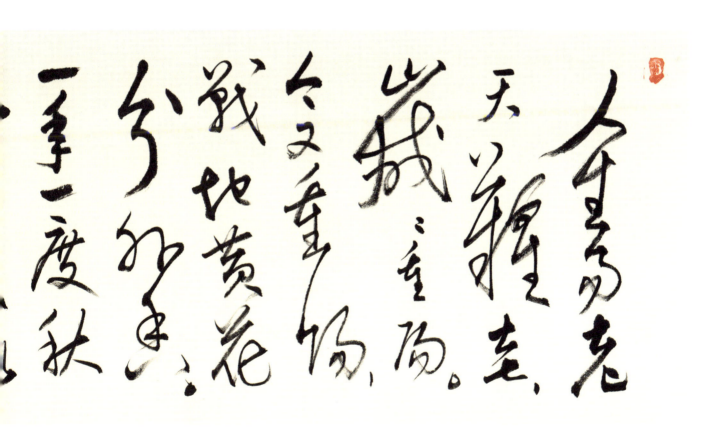

民文学》1962年5月号刊出的版本为准。上阕"人生易老天难老，岁岁重阳。今又重阳，战地黄花分外香"，起句反用李贺《金铜仙人辞汉歌》的"衰兰送客咸阳道，天若有情天亦老"。毛泽东的意思是，人生有常，宇宙无尽，每年的这个时候都是重阳节，沧桑的人世、蹉跎的岁月、多舛的经历、未酬的壮志，在无穷无尽的时间长河中都显得微不足道。今天，住在红四军刚刚攻下的"铁上杭"城里，看着遍地黄花和晴爽的秋光，毛泽东颓丧的身心有所好转，觉得刚刚经历了战火洗礼的黄花香气袭人。写到这里，词的格调一下子就豪气干云，一开始那面对寥廓时空的渺小感和孤独感被冲得无影无踪了，豪情壮志充溢于作者胸间。

下阕对秋天的描述更加独特。"一年一度秋风劲，不似春光。胜似春光，寥廓江天万里霜。"秋天和春天发生了混淆？是的，我们不是常把初秋的天气叫作"小阳春"吗？但是，在毛泽东眼里，妩媚的春色跟苍茫的劲秋还是不同，这道劲的秋光总是比柔和的春色更为宜人，也更为壮美，为什么？春天没有秋天的热烈和寥廓大气，也没有秋天的成熟和清醒。4年前，毛泽东就为古人眼中凄清、寂寥、苦涩的秋天做过一篇翻案文章："看万山红遍，层林尽染；漫江碧透，百舸争流。鹰击长空，鱼翔浅底，万类霜天竞自由。"此刻，倚楼处，看那滚滚东去的汀江和两岸绚烂的红叶，配合着明丽的秋光和烂漫的黄花，多么壮阔而清新，又是何等的好！

这首词通过毛泽东"胜似春光"的秋天观和毛泽东式的漫不经心和举重若轻，充分展现了青年毛泽东积极向上和百折不挠的顽强精神。当时他身染重疾，甚至可以说是在死亡线上挣扎，而且还被

毛泽东《采桑子·重阳》　朱向前书

党内同志和战友误解、怀疑，被排挤到了领导核心之外，真可谓熊虎途穷，他何以能有"不似春光。胜似春光""战地黄花分外香"的感觉？！在恶劣的环境里，以一己之力苦苦支撑，面不改色，"打脱牙，和血吞"的精神让人佩服，也让人动容。而青年毛泽东这样惊世骇俗的博大胸襟和宏伟抱负支撑起的超迈信心，以及这种凌云英气所带来的人格魅力，更让人认识到他的伟大。

如梦令·元旦

毛泽东《如梦令·元旦》词意图　傅抱石作

如梦令·元旦 （1930 年 1 月）

宁化、清流、归化，路隘林深苔滑。

今日向何方，直指武夷山下。山下

山下，风展红旗如画。

古田之光方照彻

——《如梦令·元旦》赏析

　　首先要明确一点，题目中的"元旦"并不是我们现在通称的公历 1 月 1 日，而是农历新年的第一天，也就是正月初一，旧称元旦。当时是公历 1930 年 1 月 30 日——这个时间节点非常重要，因为这首词虽然未必能代表毛泽东词作中的上乘水准，但它却有着一个宏大的历史背景，那就是刚刚开过的古田会议！

　　此前一个多月，也就是 1929 年 11 月份，毛泽东重新回到了红四军，和朱德、陈毅会合，旋即恢复了红四军前委书记的职务。12 月下旬，紧急筹备中共红四军党的第九次代表大会诸事宜。其中最重要的文件，就是后来在中国人民解放军建军史上震古烁今的具有里程碑意义的《古田会议决议》。《古田会议决议》包括《关于纠正党内的错误思想》等八个决议案，当时都由前委委托毛泽东亲自起草。

　　历史就是如此的神奇和巧合——1929 年 12 月 26 日，正值毛泽东的本命年 36 岁生日。当天晚上，他在闽西上杭古田彩眉岭下的一间土屋内挑灯夜战，奋笔疾书决议案的核心部分。写至黎明前的至暗时刻，油灯里的灯油熬干了，但奔涌的思想却停不下来。警卫员只能临时点着一个松明火把为毛泽东照明。火焰熏黑了鼻孔，燎着了眉毛，毛泽东全然不察，直至火星溅燃了他的棉袄袖子，警卫员才忙着扑灭，扔了松明，天也亮了，决议案也写完了……12 月 28 日，古田会议胜利召开，党和军队从此走上了思想建党和政治建军的崭新的道路。

《如梦令》 朱向前书

《元旦》 朱向前书

从此，党有了自己的武装，人民有了自己的军队。而毛泽东从1927年9月9日秋收起义至1929年12月，不到两年半的时间，已经基本完成了从一个书斋马克思主义者向一个行动马克思主义者和指挥若定的军事统帅的转变，抚今追昔，毛泽东的内心是何等地欣慰和自信啊！

于是，1930年1月5日，毛泽东在上杭县城一个米店里回答林彪的"红旗到底能打多久"的著名问题时，给出的答案也是一个著名论断：星星之火，可以燎原。而且，他毫不含糊地预言革命高潮即将到来——"它是站在海岸遥望海中已经看得见桅杆尖头了的一只航船，它是立于高山之巅远看东方已见光芒四射喷薄欲出的一轮朝日，它是躁动于母腹中的快要成熟了的一个婴儿"。在 20 世纪 30 年代闽西的一个小小县城里，在严冬的瑟瑟寒风中，缺衣少食的毛泽东面对纷繁复杂、生死未卜的中国革命的前途问题，却给出了确凿无疑的肯定回答，而且令人匪夷所思地写出了如此深情、壮美的诗一般的比喻，这得有多么强大的内心力量啊！

很快，挑战就来了——1930 年 1 月底，前线突然吃紧，毛泽东和朱德分兵指挥下的红四军机动灵活、避实就虚，最终打破了闽、粤、赣三省敌军的两次"会剿"。这首词就是毛泽东对红四军一个月急行军，且行且战，最终化险为夷的回顾。

《如梦令》是小令，单调，仅 33 字，毛泽东充分运用了小令短小精悍的特点和明快的韵律，创作出了一首进行曲一般节奏铿锵的心曲。

首句"宁化、清流、归化，路隘林深苔滑"，一连用了三个地名，正确顺序是归化、清流、宁化，打乱顺序是为了音律的和谐，而"路隘林深苔滑"则突出了行军的困难。首句看似平铺直叙，却白描出了一幅难以言明的生动画面：将士拼命，千难万险如履平川，崎岖不平的山路也变得富有情致。"今日向何方，直指武夷山下"自问自答，斗志昂扬。"直指"就是直线前进，完全可以忽略地理的阻隔。最后一句最是精彩，显得无比潇洒："山下山下，风展红旗如画。"

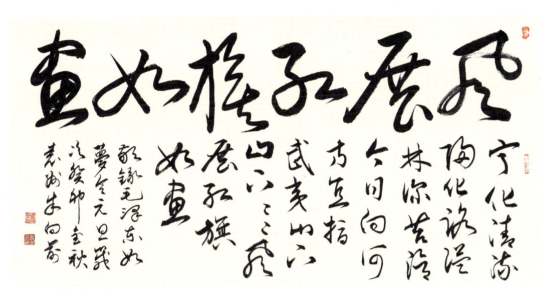

毛泽东《如梦令·元旦》 朱向前书

好了，全词就是这么多，但我们的想象却能沿着红旗无限地展开——红军在忽明忽暗的深林中行军，衣衫褴褛却精神焕发的战士手攥旗杆，旗杆与地面垂直，红旗才能被风完全展开。他们衣服被磨破的地方露出了遒劲有力的肌肉，他们的草鞋蹭擦着山林中的青苔，他们跳跃攀爬、活力四射，他们不是在行军，而是在用全部生命和力量奔向光明和胜利。

此时此刻，毛泽东立于山巅，回望来路，放眼前程，只见队伍逶迤，风卷红旗，山河壮丽，战士豪迈！这哪里是苦战中的辗转腾挪、向死而生啊，完全是一幅红旗招展、景色壮美的风景画嘛！这是新生红四军的山林行军图，又是古田之光照彻红军前途的精神谱，更是青年军事统帅毛泽东蓬勃内心的交响诗。

柒

减字木兰花·广昌路上

毛泽东词意图　傅抱石作

减字木兰花·广昌路上 （1930年2月）

漫天皆白，雪里行军情更迫。头上高山，风卷红旗过大关。

此行何去？赣江风雪迷漫处。命令昨颁，十万工农下吉安。

在战争中学习战争
——《减字木兰花·广昌路上》赏析

　　这首词创作于 1930 年 2 月，不仅正好衔接上了《如梦令·元旦》中所描写的军事行动，更延续了古田会议之后诗人昂扬的斗志和情绪。红四军粉碎了赣、闽、粤三省敌军的两次"会剿"之后，红军第四、五、六军会合。1930 年 2 月 6 日到 9 日，毛泽东在吉安陂头主持召开了中共红四军前委、赣西特委和红五、六军军委联席会议，也就是"二七会议"。会上，毛泽东做了关于政治形势和今后任务的报告。会议认为，江西省有"首先胜利夺取全省政权之可能"，并决定集中红军第四、五、六军的兵力，在一年之内夺取江西政权，其第一步计划就是攻下吉安。为了协调统一行动，中央决定将红四军前委扩大为中国工农红军四、五、六军共同前委，作为指挥湘、鄂、赣、闽、粤斗争的指导机关，毛泽东任书记，会议还决定将赣西、赣南、湘赣边三特委会合并为赣西南特委。

　　我多年来学习研究毛泽东诗词，逐渐旁及军史、党史和毛泽东史，逐步释疑解惑的同时，始终有一个问题让我困惑，那就是：毛泽东究竟是什么时候学会打仗的？

　　据毛泽东本人自述，他自小的人生理想是当教员或记者，压根儿就没想过领兵打仗的事。秋收起义完全可以说是被国民党逼上了梁山，一上来也是被打了个措手不及，屡败屡战，但却愈挫愈勇。到 1930 年秋指挥反第一次大"围剿"，就"齐声唤，前头捉了张辉瓒"，其间连头带尾也才不到三年时间呀，毛泽东究竟是在哪里，又是什么时候学会打仗的呢？

毛泽东后来总结自己的成功经验，有两条很重要，一是在战争中学习战争，二是靠总结经验吃饭。从1927年秋收起义至1930年秋冬第一次反"围剿"的三年中，战事胜败交织，毛泽东本人也曾大起大落（如1928年井冈山时期被撤销政治局候补委员职务，1929年红四军第七、八次党代会落选前委书记等），历经磨难，但总体是在战争中学习战争，总结经验，吸取教训，逐步成长。"二七会议"后的"富田战役"就是毛泽东在战争中学习战争、部署战争、随机应战，并最后取得胜利的成功战例。

话说"二七会议"后，红军由不同方向攻向吉安。红四军由藤田经水南向吉安推进，欲先攻吉水。蒋介石获悉，急

毛泽东《减字木兰花·广昌路上》　朱向前书

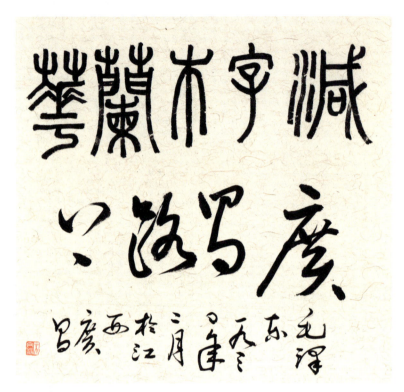

《减字木兰花·广昌路上》 朱向前书

令吉安守军加强防务，并调湖北的独立第 15 旅驰援江西。于是，毛泽东指挥红军暂时放弃攻打吉安的计划，撤回根据地以待时机。红四军即向富田退却，敌独立 15 旅分兵三路追击红军。红四军在红六军第 2 纵队的配合下，集中猛攻进入水南的左路敌军，经半小时激战，歼其大部。25 日，红军又以一部兵力插入敌后，主力猛攻右路、中路之敌，经一天激战，歼其大部，残敌逃往吉安。毛泽东率军追击，由广昌向吉安进军的路上，在马背上吟出了这首词。这首词和它的姊妹篇《如梦令·元旦》，很快就开始在红军中传开了。

这首词固然描写了雪里行军的壮阔场面，以自然环境的恶劣，反衬了红军将士的战斗激情和消灭敌人的急切心情。但在我看来，更重要的是诗人以相对纪实的手法，记录了这一场真正主要由自己主导指挥的"广昌战役"（此前毛泽东的军事搭档有余洒度、苏先骏、王佐、袁文才、朱德、陈毅、卢德铭等）。我认为这一战役在毛泽东的军事生涯中甚为重要。

因此，这首词和它的姊妹篇《如梦令·元旦》一样，在毛泽东词作中艺术水准虽非上乘，但其意义不可忽略。

词的上阕描写行军途中的见闻：漫天飞雪，群山银装素裹，红军将士顶风冒雪，向吉安疾进。下阕自问：红四军此去何方？诗人没有直接点出具体地点，而是说"风雪迷漫处"。高潮就在全词最后一句："命令昨颁，十万工农下吉安。"有如平地惊雷，轰然而起，刚猛有力，不仅具体点明了行军作战的目标，而且写出了作者一声令下，军民一齐动员，千军万马齐头并进的声威，一场激烈的战斗即将打响。用词看似平易浅显却情实意深，鲜明抒发了作者对这一重要指令颁布的喜悦心情，尤其是看到工农武装浩浩荡荡去开拓红色区域的兴奋感。"十万工农下吉安"，极其生动地描绘出广大工农群众的革命热情正呈星火燎原之势。而与此同时，毛泽东那翻滚的激情、奔雷般的气势和潇洒的神采亦尽显无遗。

渔家傲·反第一次大『围剿』

毛泽东《渔家傲·反第一次大"围剿"》词意图　傅抱石作

渔家傲·反第一次大『围剿』

（1931 年春）

万木霜天红烂漫，天兵怒气冲霄汉。雾满龙冈千嶂暗，齐声唤，前头捉了张辉瓒。　　二十万军重入赣，风烟滚滚来天半。唤起工农千百万，同心干，不周山下红旗乱。

运用大词的经典之作

——《渔家傲·反第一次大"围剿"》赏析

　　1930 年 9 月，当红军的根据地再次扩大时，刚刚结束中原会战的蒋介石马上就行动起来了。10 月，蒋介石组织江西国民党军队 10 万人马对中央革命根据地进行了第一次"围剿"。到 1931 年 1 月，红军粉碎了蒋介石的企图。这首词就是对这次反"围剿"战斗的具体描述。

　　上阕写第一次反"围剿"，起句写一个大景，也烘托了气氛。南方的秋叶多不凋零而是转为红色或黄色。龙冈地区多有山林，周围都是红色，让人觉得十分壮阔清新、刚健有力而充满生机，绝对不会联想到流血的战争。毛泽东的诗词里很少出现惨烈的景象，最多是悲壮。毛泽东喜欢利用环境和气候来烘托气氛，而且意象、时令都是依他的心情而定，从不循规蹈矩，即使是借用前人成句，也不捡现成的。湖南阳历 9 月，天气依然颇为炎热，很少有霜降，他却说"独立寒秋""万类霜天竞自由"（《沁园春·长沙》）；明明是劲秋，他可以说是"不似春光。胜似春光"（《采桑子·重阳》）；明明是隆冬时节，他一反常规地说"西风烈，长空雁叫霜晨月"（《忆秦娥·娄山关》）。这里也是一样，他把冬季的景色说成秋季的意象，为的就是烘托一种气氛，表达一种心情。我军从干部到战士都是战意昂扬、斗志勃发，且充满革命豪情的。"雾满龙冈千嶂暗，齐声唤，前头捉了张辉瓒。"这是毛泽东指挥作战中的经典战例，即"诱敌深入"。战斗一开始先避敌锋芒，渡赣江，貌似逃跑，实则把兵力集中到宁都地区，打开"口袋"等待敌人进入。12 月下旬，国民

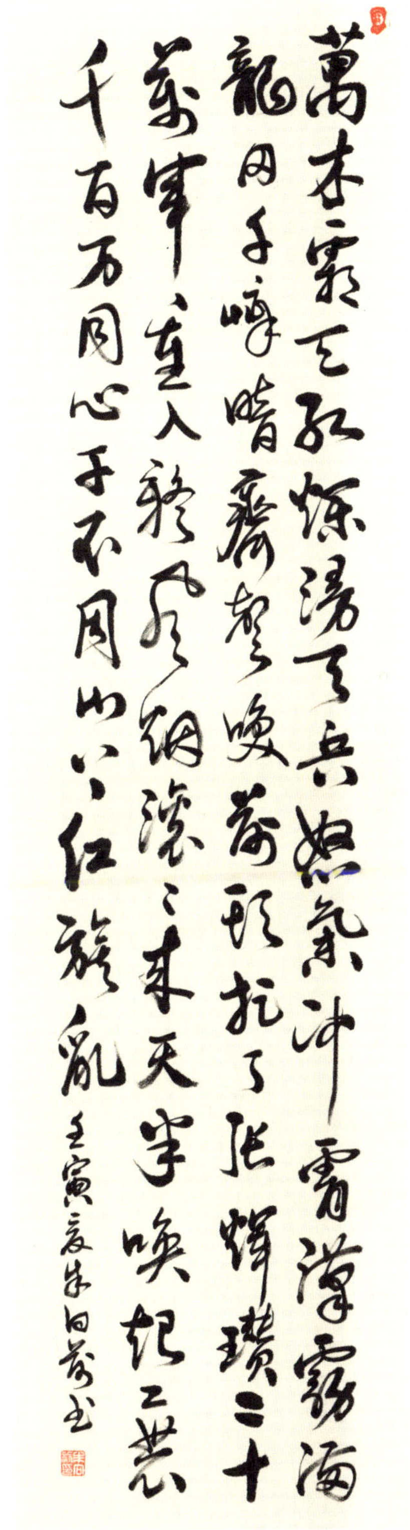

万木霜天红烂漫，天兵怒气冲霄汉。雾满龙冈千嶂暗，齐声唤，前头捉了张辉瓒。

二十万军重入赣，风烟滚滚来天半。唤起工农千百万，同心干，不周山下红旗乱。

壬寅夏朱向前书

毛泽东《渔家傲·反第一次大"围剿"》
朱向前书

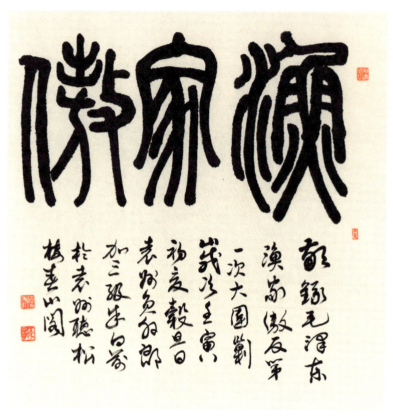

《渔家傲》　朱向前书

党第 18 师师长、时任"围剿"前线总指挥的张辉瓒追到龙冈时，已成瓮中之鳖。12 月 30 日，红军发起总攻，在云雾环绕的龙冈经过一番激战，捷报传来：缴获了各种武器 9000 余件，子弹 100 多发，电台 1 部，而且俘虏了张辉瓒。毛泽东的白描很是生动传神，我们好像可以看到，从指挥员到战士都在奔走相告：前线活捉张辉瓒啦！毛泽东在正式的文件中这样描述这次反"围剿"："我们的第一仗就决定打而且打着了张辉瓒的主力两个旅和一个师部，连师长在内九千人全部俘获，不漏一人一马。一战胜利，吓得谭师向东韶跑，许师向头陂跑。我军又追击谭师消灭它一半。五天内打两仗（一九三○年十二月三十日至一九三一年一月三日），于是富田、东固、头陂诸敌畏打纷纷撤退，第一次'围剿'就结束了。"（《中国革命战争的战略问题》）他所说的后来逃跑不及被红军赶上咬掉半截的"谭师"是国民党第50师，师长是谭道源。"许师"指的是国民党第24四师，师长是许克祥，即1927年发动"马日事变"的元凶。

蒋介石颜面扫地，当然不会就此罢手，他卷土重来，又调集了20万人的部队准备对红军进行第二次"围剿"。下阕写第二次反"围剿"："二十万军重入赣，风烟滚滚来天半。唤起工农千百万，同心干，不周山下红旗乱。"红军刚刚打了一次大胜仗，毛泽东自信满怀。敌人就像乌合之众，气势汹汹，张牙舞爪，但是根本就没有什么可怕的，只要唤起了百万工农，红军就一定能够取得胜利。只是末句容易引起歧义，本来就少有人知道不周山和共工的典故，即使知道，也未必明白毛泽东为什么要用共工的典故来说革命。共工是一个极具破坏力的怪物，似乎很难赋以其积极的意义。为此，在该词后的按语中，毛泽东曾做过详细的解释："诸说不同。我取《淮南子·天文训》，共工是胜利的英雄。你看，'怒而触不周之山，天柱折，地维绝。天倾西北，故日月星辰移焉；地不满东南，故水潦尘埃归焉'。他死了没有呢？没有说。看来是没有死，共工是确实胜利了。"这样就比较容易理解：毛泽东是以共工来借喻革命者，我们要有共工那种义无反顾、破釜沉舟的精神，同心同德，众志成城，扳倒"不周山"，也就是推翻国民党反动派的统治。经过毛泽东新奇的解释，

《不周山下红旗乱》 朱向前书

共工精神一下子就变得十分可贵了。

其实,这首词的末句"不周山下红旗乱"是毛泽东在20世纪60年代修改的,原稿是"教他片甲都不还"。这两句哪句好?当然是后来的好。毛泽东对自己诗词里的字句要求非常苛刻,经常改来改去,力求完美。具体比较这两句:"教他片甲都不还"比较粗糙,有点口号的意味;"不周山下红旗乱"既文雅又有气势。这一改,可以说就变成了整首词的点睛之笔。读罢全词,我们自然相信,革命者有了共工的拼搏献身精神,是能够战胜任何困难的。

全词洗练、明快,气度雄伟而又意趣横生,具有极强的感染力和激励性。是的,千百万工农一齐踊跃,红旗一展于天下的时候,反动派的末日就到了。毛泽东无疑是大诗人,但是他又有别于一般的诗人。他要"野"得多,他不屑于小我感情的简单宣泄,而总是能够在阔大恢宏的时空中运用大词,表达自己的想象力和创造力,

文采恣肆，把最庞大的主题或景象一下子洞穿。你看："万木霜天红烂漫，天兵怒气冲霄汉，雾满龙冈千嶂暗""二十万军重入赣，风烟滚滚来天半。唤起工农千百万……"这里面用了三个"天"字、三个"万"字、两个"千"字，还不包括"红烂漫""冲霄汉""风烟滚滚"这些场面、气势都排山倒海的大词组，真是声色雄壮，文气浩荡，一泻千里，势若长江大河！

毛泽东刚烈不羁的斗争精神，强悍坚毅的个性特征，敢为天下先的入世意识，超凡脱俗的智慧胆识，敏锐准确的瞬间观察能力，自然纯正的艺术直觉，卓尔不群的独立思考性，厚重深沉的悲悯情怀以及精深博大的国学背景合而为一，种种看似不可调和的气质在他的身上完美地结合到了一起，从而能够在其革命生涯和诗词创作中纵横驰骋和收放自如。

菩萨蛮·大柏地

毛泽东《菩萨蛮·大柏地》词意图　傅抱石作

一九五八峯宫 毛主席大柏地詞意 粵石

菩萨蛮·大柏地 （1933 年夏）

赤橙黄绿青蓝紫，谁持彩练当空舞？雨后复斜阳，关山阵阵苍。　当年鏖战急，弹洞前村壁。装点此关山，今朝更好看。

赤橙黄绿青蓝紫
——《菩萨蛮·大柏地》赏析

写《菩萨蛮·大柏地》的时候，毛泽东已届不惑之年（1933 年，40 岁），距离他写作上一首词《渔家傲·反第二次大"围剿"》整整两年过去了。在 1931 年反第一、二次大"围剿"的时候，毛泽东都用一支纤笔吹响了嘹亮的战斗号角。接下来的反第三、四次大"围剿"，红军同样也是以少胜多，以弱胜强；守如泰山，攻如猛虎，可圈可点——尤其是第三次反"围剿"，红军被大量的敌人重重包围，毛泽东带领红一方面军 3 万余人在翻过悬崖峭壁之后，才得以脱险。国民党军队被迫撤退，红军保住了根据地。这也是神话一样的战例，但毛泽东怎么就没有继续用诗词记录下来呢?

原因是此时毛泽东的政治生涯又出了问题，他的"心情又是郁闷的"，以至于他很久都没有新的激情再去创作诗词了。1931 年 1 月，王明和博古等留苏学生以共产国际钦差大臣的身份陆续回到上海并逐渐掌握了中央的领导权。他们决定加强对中央苏区的控制，派周恩来到苏区主持政治局工作。毛泽东被任命为中华苏维埃共和国中央执行委员会和人民委员会主席。一夜之间，他从党和军队举足轻重的主要领导人变成了一个"闲人"。在随后的近两年时间里，他基本上变成了被批评的对象，被扣上了很多罪名。这中间有过一次转机，被周恩来请出来做了一段时间高级顾问。在他的指挥下，红军很快就攻下了福建的漳州，这是红军除了吉安之外所攻下的最大城市。1932 年 4 月，当毛泽东骑着他的大白马威风凛凛地进入漳州城的时候，几乎相信自己恢复了对红军的最高指挥权。但是好景不长，

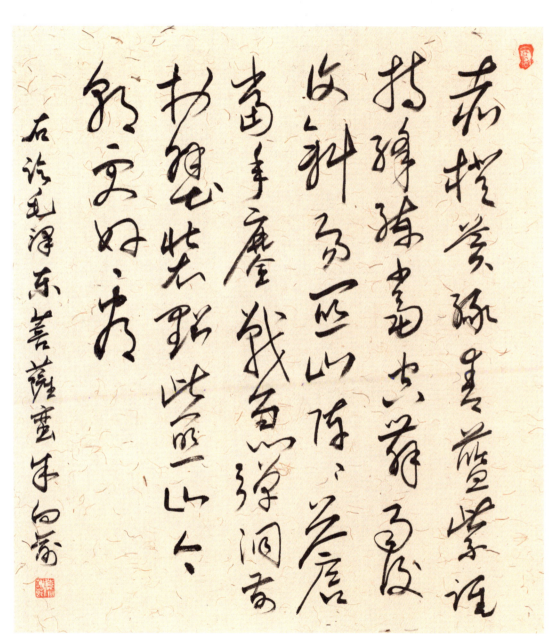

临毛泽东书《菩萨蛮·大柏地》 朱向前

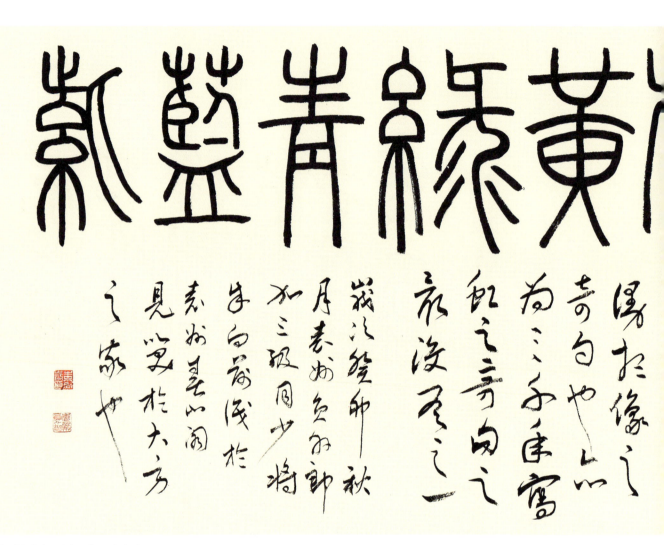

毛泽东《菩萨蛮·大柏地》　朱向前书

他马上又遭到了中央政治局的批评。到了 10 月的宁都会议，毛泽东被彻底剥夺了在党内和军内的实权。毛泽东写了张假条，中央的批示是"暂时请病假，必要时到前方"，没有时间期限。于是，40 岁前后的毛泽东每天的事情就是看书、写字、闲谈和进行社会调查。他又生病了，消瘦、失眠，甚至有了一些衰老的迹象。到了 1933 年 1 月，由于国民党的捕杀，中央政治局在上海无法立足。博古带着中共的主要领导来到中央革命根据地，毛泽东遭到"左"倾机会主义者的打压，处于政治生涯的低谷时期。他曾悲哀地对贺子珍说："他们好像非要整死我不可。"看得出来，毛泽东患的是心病。他逐步地调整自己的心态，渴望难挨的漫漫长夜快些过去。

这首词就创作于他这一段低谷时期。他经过1929年和朱德一同领导红四军歼灭刘士毅部两个团大部的大柏地，心中感慨万千，瞬间跳出了抑郁的情绪，重新迸发了诗人的激情和伟人的豪迈。上阕起首"赤橙黄绿青蓝紫，谁持彩练当空舞"两句就当得起千古名句——说实在的，在我有限的阅读记忆中，还没有见过如此漂亮、独特、传神的关于彩虹的描写。"雨后复斜阳，关山阵阵苍。"当毛泽东做农村调查路经大柏地时，天下起雨来，雨过天晴后，毛泽东继续赶路，抬头便望见了一道七彩长虹，就像有人手持一条美丽的彩练当空舞蹈一样。新雨过后，太阳重新出来了，光线极好，彩虹点缀下的群山格外清新美丽，使人精神振奋。

下阕中作者的视野由大到小，由宏观到微观。"当年鏖战急，弹洞前村壁。装点此关山，今朝更好看。"他忽然发现了前面村子墙壁上的弹洞，回忆起当年战斗的激烈，顿觉除了心情与大柏地此时的清新风景十分契合之外，又多了一份感慨。无疑，这些弹洞除了能让人勾起对往昔的回忆外，无所谓妍媸可言。但是对身陷政治生命低谷的毛泽东来说，这些战斗的痕迹展露出被压抑的生命的力量，把"苍苍横翠微"的群山装点得更加秀美了。为什么说 4 年前战斗留下的弹洞使得雨后的斜阳以及群山较以前更加美丽了呢？彩虹依然是彩虹，夕阳和群山依然是夕阳和群山，为什么有了这些子弹留下的痕迹，江山才更加"好看"？

有人说，毛泽东是为了说明他一直坚持的军事路线是正确的。这未免有些牵强，也把毛泽东的用意想得太晦涩。既然他可以用斑斓的画笔写下"赤橙黄绿青蓝紫，谁持彩练当空舞"，又何必这么遮遮掩掩发牢骚呢？如果从这方面理解，还不如说毛泽东赋闲已久，胸中纵有雄兵百万，满腹韬略，却无处施展，甚至被误解、被批判、被打压，从而不自觉地流露出了一点对战场的怀念。

毛泽东一生创作了两首《菩萨蛮》。一首作于 1927 年春的武汉，那是在大革命失败前夕。那时他"心情苍凉，一时不知如何是好"，而这时候他的处境可以说比 1927 年还要困难得多，表达出的意象却是惊喜、振奋、从容、明艳。《菩萨蛮·大柏地》较《菩萨蛮·黄鹤楼》的心态无疑沉稳和自信得多。在人生和事业的低谷期，毛泽东一方面对残酷的现实有些失望、有些郁闷，另一方面又对自己的能力和智慧越来越有信心。这不但说明毛泽东的心理承受能力增强了，而且标志着他的人生阅历、思想都逐渐走向了完全的成熟，一切艰难险阻在他眼里都没有什么大不了。那些深深地咬进墙壁的弹头，每一颗都曾经可能要了他的性命，他的感觉不是后怕，不是庆幸，甚至不是感慨，而是把它们融入审美的世界，变成纯粹的审美创造——这和"战地黄花分外香""风景这边独好""雄关漫道真如铁""更喜岷山千里雪"等触底反弹、绝处逢生式的毛氏奇句有异曲同工之妙。

清平乐·会昌

毛泽东《清平乐·会昌》词意图　傅抱石作

清平乐·会昌 （1934年夏）

东方欲晓，莫道君行早。踏遍青山人未老，风景这边独好。　　会昌城外高峰，颠连直接东溟。战士指看南粤，更加郁郁葱葱。

平生不作牢骚语

——《清平乐·会昌》赏析

　　《清平乐·会昌》的写作时间是 1934 年的 7 月下旬。1933 年下半年，蒋介石组织 100 万大军对中央苏区进行第五次大"围剿"，并于 1934 年 4 月攻陷苏区"北大门"广昌。中央红军在王明"左"倾冒险主义的指挥下，采用"御敌于国门之外"的方针，与敌人打阵地战、消耗战，死守硬拼，伤亡惨重，丢掉了大片根据地。而这一切都与毛泽东的主张和原则不相符。由于敌人的封锁日趋紧张，红军内部的种种矛盾相继爆发，悲观的情绪蔓延开来。1934 年 7 月上旬，蒋介石又调集 31 个师分兵六路合击根据地腹地。红军寡不敌众，节节败退。红军内部，包括每名红军战士，都知道根据地继续死守下去，必定是死路一条，不走是不行的。但是，"此行何去"，这个问题太沉重了……

　　会昌乃三省交衢，县城西北有会昌山。1934 年 7 月末的一天，毛泽东大清早就来到了这里。登高远望，毛泽东思接千载，心游万仞，一下子从眼下八方告急的战事困境中跳出来，进入诗人自己的世界。

　　作为诗人的毛泽东，与历史上的诗人骚客的一个重大区别就是平生不作牢骚语。他的诗词创作的一大特点就是触底反弹，愈挫愈勇，越是处于艰难困苦之中就越是能创作出好的诗词。这首词可以看作此一方面的典范之作。如果以创作背景论，1934 年 7 月底，是中央苏区的至暗时刻，是中国工农红军的至暗时刻，是中国革命的至暗时刻，也是毛泽东个人命运的至暗时刻——红军主力即将长征，

毛泽东《清平乐·会昌》 朱向前书

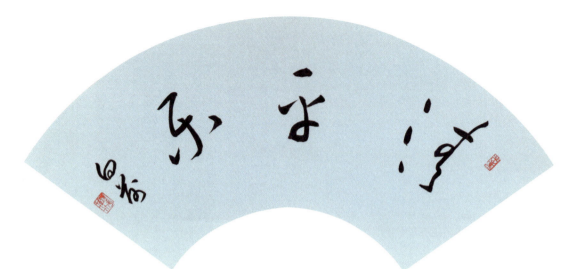

《清平乐》 朱向前书

《会昌》 朱向前书

而是否带走毛泽东，还是未定之数呢。当此之际，你看看毛泽东是如何写的。

这首词大致可以按照登山的顺序来读。上阕从山下开始写："东方欲晓，莫道君行早。踏遍青山人未老，风景这边独好。"对首句的一种解释是，真理就快要大白于天下了，你们（"左"倾冒险主义者）不要以为自己走在了前面。我认为此说牵强，其实毛泽东的意思很明白，意指一行几人天蒙蒙亮就出发登山，看到青山的黛色在欲晓的天色间的剪影，听到周围飕飕的山风，感受到空气的清爽，觉得清新，充满活力。所以他说"莫道君行早""踏遍青山人未老，风景这边独好"。有人说，"人"指的是革命者。这样理解是可以的，但我想主要指的还是作者自己。经过几年艰苦卓绝的武装斗争，毛泽东带领队伍翻山越岭，越战越勇，越来越有战斗精神。也有人说"风景"指革命形势，"这边"指中央革命根据地。这好像并不妥帖。当时的形势尤其是革命根据地的形势不但不能说好，而且可以说是危机四伏，怎么还"独好"？毛泽东自己批注道："一九三四年，形势危急，准备长征，心情又是郁闷的。"这只能解释为革命者满怀激情，精力充沛，不怕早。而且，也只有这个时间来，才看得到这么清新壮美的景色。毛泽东自己也说："君行早的'君'，指我自己，不是复数，要照单数译。会昌有高山，天不亮我就去爬山。"毛泽东是诗人，他登高游玩，为的就是散心，哪有心情在诗词里对"左"倾冒险主义者进行批评！很显然，他写风景就是风景，高兴就是高兴，全是自己在当时当地的所见所想，而我们却结合当时的历史背景，

《风景这边独好》　朱向前书

把他的动机搞复杂了。

　　下阕写他登上了山巅。这时可能天色已明，最起码能见度很好了。毛泽东不禁带着"一览众山小"的心态极目远眺，甚至开始了对远处景色的想象。"会昌城外高峰，颠连直接东溟。战士指看南粤，更加郁郁葱葱。"站在山巅，看周围的山岳连接不断，好像能够一直连接到东海一样。南粤指的就是广东。向南看去，层峦叠嶂，云山雾罩，山处于若有若无之间，满眼都是清新的绿色，也不知道是山在移动还是云彩在移动，这是多么美好的意象！

　　这首词让人感到生机和活力。毛泽东当时的隐忧和郁闷心境，以及悲凉的革命气氛，通通被大气磅礴、逶迤起伏的山峦和他从容有度的心态，以及乐观主义的精神和纯粹的审美态度所覆盖。我相信诗词中描写的都是当时的景色，并不一定另有所指，如果硬要把譬如"东方欲晓"解释为不同于西方国家的中国苏维埃政权正在马克思主义的指引下，带领中国人民走向光明，把"东溟"和"南粤"比喻成中央革命根据地之外的两个根据地，难道不是把诗词的意境和艺术韵味破坏了吗？

十六字令三首

毛泽东《十六字令三首》词意图　傅抱石作

十六字令三首 （1934—1935 年）

山，快马加鞭未下鞍。惊回首，离天三尺三。

山，倒海翻江卷巨澜。奔腾急，万马战犹酣。

山，刺破青天锷未残。天欲堕，赖以拄其间。

推敲了一年的 48 个字
——《十六字令三首》赏析

也许是我孤陋寡闻，在我的阅读记忆中，历史上的《十六字令》缺少名篇。为何？因为它的形制过于短小，它就是最小的小令，《十六字令》就是 16 个字（著名小令马致远的《天净沙·秋思》还 28 个字呢），还没开头就已经结束了，此所谓英雄无用武之地。但是让我们看看毛泽东是怎么写的："山，快马加鞭未下鞍。惊回首，离天三尺三。山，倒海翻江卷巨澜。奔腾急，万马战犹酣。山，刺破青天锷未残。天欲堕，赖以拄其间。"虽然短小，但语言生动，描绘传神，无论言其高、言其雄、言其险，都大气磅礴，毛泽东诗词的全部特点都浓缩于此。

显而易见，《十六字令三首》中的山不是"我见青山多妩媚"式的思念，也不是"横看成岭侧成峰"式的自然呈现，而是经过了诗人的艺术想象、提炼与升华的山。之所以非某地某山，是因为这三首词是在"马背上哼成的"，是经过长时间的观察、体验赣、湘、黔、滇、川、陕无数奇峰异岭之后再酝酿、构思、修改和润色而成的，故作者自署创作时间为"一九三四年到一九三五年"，完全真实地反映了创作的实际情况。

第一首写的是山的崔嵬和险峻。长征其实就是大范围的转移，前有峻岭，后有追兵，这就促使部队快马加鞭而行。每当毛泽东登上高峰回望来路时，都蓦然惊觉，几乎头顶苍穹，手揽流云，不禁倒吸一口气："离天三尺三！"

第二首写的是山的雄浑气势。本来山是静止不动的，最多是山上风大时，草木会随之摇摆，但由于毛泽东本身是行动的，他观察的角度也是动态的（或许他还是骑在那匹大白马上），所以山在他的眼里就可以像江海那样翻腾起波浪来，而他本身也在这种波涛当中。他觉得山势实在是太磅礴了，山在奔腾，在怒吼，在旋转，甚至在跳跃和倾倒。于是他自然而然地想到这伟岸的群山就好像千军万马厮杀正酣。

第三首写的是山的陡峭险峻。由高到雄再到险，至此气势更烈，意象也更加犀利。如果说第一首里的山"离天"，还有"三尺三"的话，那么这首词里的山则好像枪和戟一样直接刺破了青天，甚至成了天地赖以存在的中介，没有山支撑的话，天就会坠落下来。这

毛泽东《十六字令三首》　朱向前书

《惊回首 奔腾急 天欲坠》 朱向前书

是一幅难以描摹而又宛若就在眼前的画面，主观色彩浓厚，极好地展现了毛泽东雄奇大胆的想象。

三首词是一个整体。毛泽东写的是山，但是通过对山的描写，却把"红军不怕远征难，万水千山只等闲"的豪迈气概和毛泽东自身的博大胸怀、宏伟抱负和超凡品格融为一体了。

最后，我们还可以再留意一下《十六字令三首》的创作时间——"一九三四年到一九三五年"。也就是说《十六字令三首》这48个字，毛泽东在马背上推敲了一年，或者说至少跨了两个年头。那时候，常常天上有飞机，后面有追兵，凶险万状，莫此为甚。但是，其一，二万五千里长征毕竟是打的时间少，走的时间多，毛泽东常常骑在马上摇头晃脑，吟咏推敲。以至20年后，他竟有些留恋地说："在马背上，人有的是时间，可以找到字和韵节，可以思索。"毛泽东自称"马背诗人"，即由此而来；其二，当是时，枪林弹雨、九死一生，毛泽东虽然身为三军统帅，但同时又是马背诗人，他似乎完全将自己置于事外，以郊寒岛瘦的苦吟精神来苦苦追求48个字的最佳效果。这种身份的反差和精益求精的创作态度的奇妙组合，也成为古今中外文学史上一道独特的风景。

忆秦娥·娄山关

毛泽东《忆秦娥·娄山关》词意图 傅抱石作

忆秦娥·娄山关 （1935 年 2 月）

西风烈，长空雁叫霜晨月。霜晨月，马蹄声碎，喇叭声咽。　雄关漫道真如铁，而今迈步从头越。从头越，苍山如海，残阳如血。

这个结尾，超过了李白

——《忆秦娥·娄山关》赏析

　　《忆秦娥·娄山关》是毛泽东的得意之作。毛泽东非常看重这首词，曾经把郭沫若《喜读毛泽东〈词六首〉》中关于这一首的解读全部删除，然后以郭老的口吻，为郭老操刀重写一段。从他自己的解说来看，《忆秦娥》作于 1935 年 2 月底重新攻占娄山关之后，而不是 1935 年 1 月遵义会议以后第一次攻占娄山关时。从遵义会议开始，毛泽东重返红军领导核心，重掌军事指挥权。但是毛泽东的心情并不轻松，正所谓受命于危难之际，能否挽狂澜于既倒？

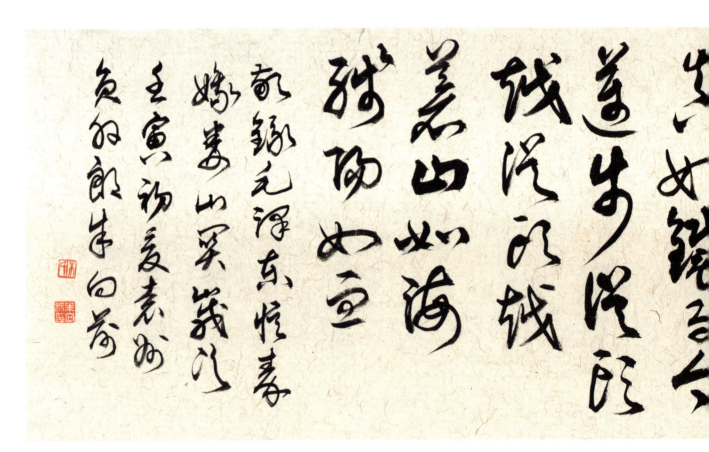

《忆秦娥·娄山关》　朱向前书

纵观毛泽东诗词，其风格一贯高亢激越，其心情从来阳光健康，而且挑战越大，反弹越猛。你看写于 1934 年夏天中央红军长征前夕的《清平乐·会昌》，毛泽东拔步登临，迎风高吟："踏遍青山人未老，风景这边独好。"有一丝一毫的"沉郁"吗？现在迎来了个人命运和红军前途的大转折和新高潮，怎么反倒空前地心情"沉郁"了呢？这确实是毛泽东诗词创作中的一个特例，值得好好咂摸。

　　上阕："西风烈，长空雁叫霜晨月。霜晨月，马蹄声碎，喇叭

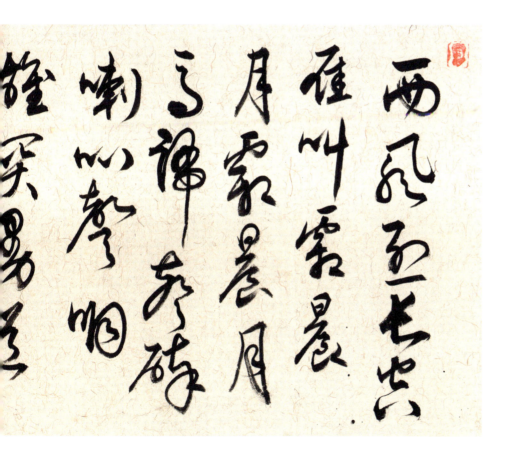

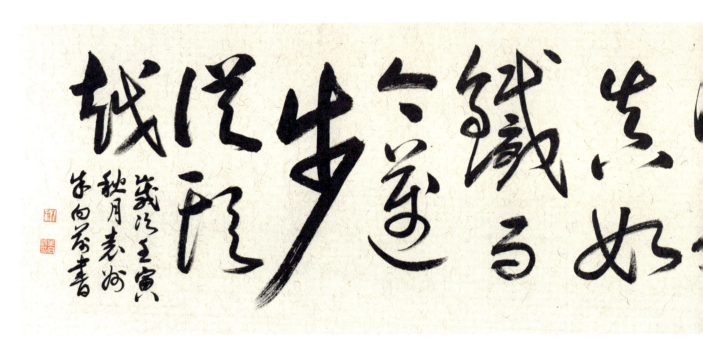

节录《忆秦娥·娄山关》 朱向前书

声咽。"毛泽东喜欢不拘时令地随意书写，这就给格物致知的注释家带来了难度。在 1962 年毛泽东亲自说明之前，关于这首词的写作时间和背景就有好几种说法。在我看来，这首词是毛泽东凭借记忆和印象创作的，并不是日记，更不是史书。这样的句子，不宜按图索骥，却可"借题发挥"。试想，占领遵义之后，毛泽东开始回忆攻打娄山关的景象：拂晓时分，残月当空，西风凛冽，大雁悲鸣，红军在娄山关下疾走，有细碎的马蹄声和呜咽的喇叭声，但没有人声，没有动作，显得气氛凝重。毛泽东孤独一人，完全沉入这幅图画里，享受着内心的沉重和深邃。字里行间，我们也可以感受到悲怆、凄清、壮美、孤独，甚至冷幽。

接下来，毛泽东的笔触开始发力："雄关漫道真如铁，而今迈

步从头越。从头越，苍山如海，残阳如血。"怎么说呢？这样的句子用文字来解释，也实在像是一种破坏。高大雄伟的苍山上巍峨的雄关就好像是铁打的一样，人在它面前显得渺小、微不足道，很难将其征服。可不可以解释为它象征前面的困难和曲折呢？其实，毛泽东在这一句中为了音韵的铿锵有力，使用了倒装手法，"漫道"就是莫道，正确的顺序是"漫道雄关真如铁"，不要说前面的雄关像铁一样难以征服，我们要"而今迈步从头越"！这显示了毛泽东的巨大勇气，和下文的衔接也顺畅自然、紧密连贯——"苍山如海，残阳如血"，也许并不是真的到了夕阳西下的时候，毛泽东词中所言血色的夕阳和波涛汹涌的大海般连绵起伏的苍山，只是一种高度概括的意象。刚才激越的情绪到此又沉郁了起来。它所传达出的情绪非常复杂和矛盾，是超脱的，也是痛苦的；是沉静的，也是剧烈的；是宏大的，也是具体的；是宽容的，也是尖锐的……无尽意义，一言写尽。在我看来，重点不是毛泽东当时的心理活动，而是这一千古佳句所传达出的无尽意蕴和难以言表的哲思已经超越了当时的一切艰难，唯独留下了苍山如海和残阳如血这两种博大的、带有典型意味的中国传统文化色彩的诗歌意象。句中的景色未必是娄山关的真实景色，但是，这种意象确是具有普遍意义和美的内涵的，也是唯独中国人才能够真正理解和领会的。可见到了这时候，并不是毛泽东在写这两句词，而是词在"写"毛泽东，多年观察的积累和沉淀，让他在写完"而今迈步从头越"之后，"苍山如海，残阳如血"早已是箭在弦上，不得不发。我想毛泽东自己写完之后也有些讶异这两句的高古和雄沉，因而大为自得，以为"颇为成功"。

　　这当然是一首了不起的词。一般来说，毛泽东词比诗好，而在词里面，公认以两首《沁园春》（《沁园春·雪》《沁园春·长沙》）为最，其次恐怕就是《忆秦娥·娄山关》了。为此，我愿意多说几句，对《忆秦娥》做一个简单的比较研究。

　　严羽在《沧浪诗话》中说："论诗以李杜为准，挟天子以令诸侯也。"那我们就让毛泽东和李白来比一比《忆秦娥》吧。据考证，号称"千载词家之祖"的《忆秦娥》词牌为李白所创，原词是："箫声咽，秦娥梦断秦楼月。秦楼月，年年柳色，灞陵伤别。　　乐游原上清秋节，咸阳古道音尘绝。音尘绝，西风残照，汉家陵阙。"

　　这当然是一首好词，尤其最后 8 个字为王国维所激赏，他在《人间词话》中云："太白纯以气象胜。'西风残照，汉家陵阙'，寥寥八字，遂关千古登临之口。后世唯范文正之《渔家傲》，夏英公之《喜迁莺》，差足继武，然气象已不逮矣！"王评恰切，最后 8 个字，"西风残照，汉家陵阙"，确实描绘出了苍凉、寥廓、深邃、宏大的气象。可惜他未读到毛泽东词作，否则或将另有感慨。

　　显而易见，毛泽东词作脱胎于李词，韵脚一样，风格迥异，一为高古悲慨，一为豪迈沉郁。而且，就风格意境而言，这首词在雄放、阔大的意境中所透露的沉郁、凝重、苍凉，恐怕堪称毛泽东词作之最。是否因为成了第一责任人，天降大任于是人，更觉任重道远了？但无论如何，这首《忆秦娥·娄山关》最妙处即为最后 8 个字，据毛泽东自己说，他在战争中有多年的景物观察方面的积累，一到娄山关，这种战争胜利和自然景物的突然遇合，就碰撞出了他自以为颇为成功的这两个词句。在诗词创作上一贯自谦的毛泽东自我表扬的诗词唯此二句而已。

如果大家有傍晚登高望远的经验，看群山如浪奔来，在夕阳的辉映下由黛青到钢蓝到绯红再到血红，景象何其壮观。再由此想到毛泽东缔造的工农红军血战无数，血染山河，从江西到遵义，雄关如铁，都已迈过，即便"正入万山圈子里，一山放出一山拦"，也还要杀出一条血路，勇往直前。情景交融，衬托出了这首词的格调之悲凉、气韵之慷慨、意境之阔大、画面之壮美、色彩之艳丽，它的情感、力度，我认为比李白有过之而无不及。不是说毛泽东的诗词才华超过李白，而是说毛泽东的战争生命体验为李白所未有。这就造成他们的重要区别，李白是从

节录《忆秦娥·娄山关》　朱向前书

《忆秦娥》 朱向前书

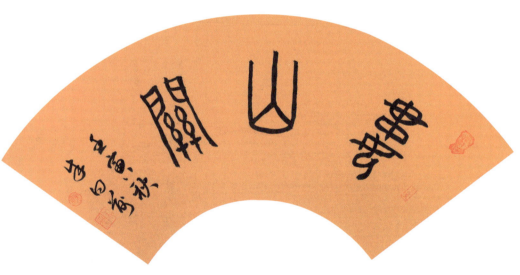

《娄山关》 朱向前书

旁观者的角度来发思古之幽情，而毛泽东是一个亲历战争的统帅，以笔蘸血，用生命在创作。这也是他和中国历史上绝大多数骚人墨客的最大区别。我们不能说毛泽东的诗词才华总体上达到了李白的水平，但单说这一首，尤其是这个结尾，是超过了李白的。

七律·长征

毛泽东《七律·长征》诗意图　傅抱石作

七律·长征 (1935 年 10 月)

红军不怕远征难，万水千山只等闲。

五岭逶迤腾细浪，乌蒙磅礴走泥丸。

金沙水拍云崖暖，大渡桥横铁索寒。

更喜岷山千里雪，三军过后尽开颜。

脚下千秋史，马上一首诗
——《七律·长征》赏析

1965 年 7 月 21 日，毛泽东在致陈毅的信中表明："我偶尔写过几首七律，没有一首是我自己满意的。"这不是伟大的谦虚，而是毛泽东以跨越千年的目光对自己诗词创作的要求。若纯粹就艺术成就而论，毛泽东的《七律·长征》也许不如他的两首《沁园春》和《忆秦娥·娄山关》等著名词作，因为对于他奔放不羁的性格特点来说，律诗的工整对仗和音韵的平仄和谐会造成一定的束缚。但是，由于《七律·长征》及时而真切地描绘了中国工农红军二万五千里长征这一史诗性事件，它本身也就当之无愧地成了史诗。

首联："红军不怕远征难，万水千山只等闲。"这一联极其典型地体现了毛泽东的豪迈大气和乐观主义，把"远征难"和"只等闲"这一组悖论平实而又神奇地组合在一起，给全诗定了一个鲜明的轻

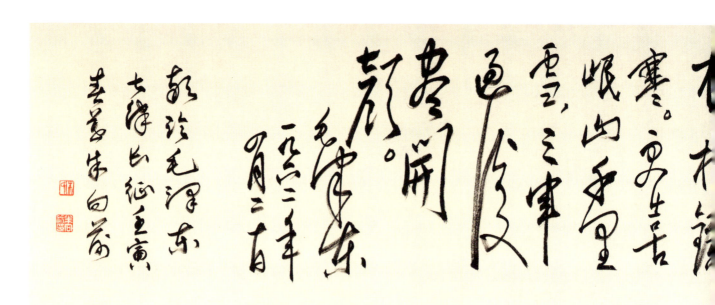

临毛泽东书《七律·长征》　朱向前

松基调，然后渐次展开，说的都是如何一个"等闲"法。颔联："五岭逶迤腾细浪，乌蒙磅礴走泥丸。"这一联显示了诗人纳天入怀的气度与胸襟。"五岭"就是南岭，是自东至西横亘江西、广东、湖南、广西的一系山脉，最知名的有大庾岭、骑田岭、萌渚岭、都庞岭和越城岭，故谓"五岭"。乌蒙山位于滇东高原北部和贵州高原西北部，呈东北——西南走向。这一联说的是五座紧密相连的山岭就像翻滚的小波浪一样，而乌蒙山脉磅礴的山体在红军眼中也不过是脚下滚过的泥丸。总之，不管群山多么崔嵬险峻，都被毛泽东"等闲"藐之。以小喻大，化巨为渺，此为本诗一个重要的修辞手法。

颈联："金沙水拍云崖暖，大渡桥横铁索寒。"金沙江在长江的上游，因高山形成落差，浪高水急，波涛汹涌。红军过金沙江的

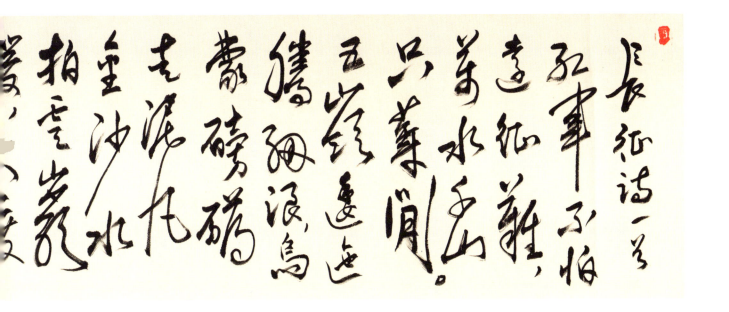

时间是 1935 年的 5 月，此时天气已然颇为炎热，诸葛亮《出师表》里 "故五月渡泸，深入不毛" 的泸水就是后来的金沙江，同样是 5 月，只不过一个是农历，一个是阳历，时间上相差不过个把月。《三国演义》里说蜀军渡泸水时由于水面有瘴气，兵士纷纷中毒，损失不小，最后经当地老农指点，知道了在深夜水冷、毒气未发时泅渡才安全。红军有没有遇到诸葛亮当年的问题？当时的天气已经炎热异常，化名为 "廉臣" 的陈云同志在《随军西行见闻录》中回忆："愈下山，愈觉热。一到江边，天气更热，红军士兵莫不痛饮冷水……"天气火辣辣地热，所以 "水拍云崖" 才会给毛泽东以 "暖" 的感觉。化酷热为温暖也是等闲视之吧。

红军过大渡河是在 1935 年的五六月间。据《四川通志》载，大渡桥，清康熙四十四年（1705 年）建。"东西长三十一丈，宽九尺，施索九条，覆板其上，栏柱皆熔铁为之。" 1863 年，太平天国翼王石达开被清军逼到这里，无法过河，走投无路，最后想用自己的人头来换取全军将士的性命，结果清军背信弃义，石达开手下将士被全部杀害。蒋介石梦寐以求在石达开走麦城的地方，将朱、毛变成 "石达开第二"。川军泸定守军早早撤光了铁索上的桥板，河上只余赤裸的摇晃的铁索，令人眼晕胆寒。可红一军团第 2 师第 4 团 22 名勇士组成的敢死队，冒着对岸的强大火力攀踏铁索，在我方火力支持下边铺桥板边匍匐前进，最终，"飞夺泸定桥" 成为中国革命史乃至人类战争史上的奇迹。但毛泽东只用一个 "寒" 字以蔽之。是手触铁索之寒，还是令观者心寒，抑或让敌军胆寒？甚至连今人闻之都不免嘘寒气、冒冷汗！而且，按照七律颔联、颈联严格对仗的要求，此二联也是好联。二者都是将庞然大物宏观藐之（"腾细浪""走泥丸"），意象出奇；更难能可贵的是，将万水千山的代表性地名（五岭、乌蒙）与向死而生的绝险之战（抢渡金沙江、飞夺泸定桥）自然串联起来，成了妙联佳对。

尾联："更喜岷山千里雪，三军过后尽开颜。"这一联描绘的本是可能成为压垮红军的最后一根稻草的雪山大翻越，可诗人笔下的情绪却是"更喜"，却是"尽开颜"，堪比杜甫的"漫卷诗书喜欲狂""青春作伴好还乡"。确实可有一比，正如毛泽东 1958 年给《忆秦娥·娄山关》作注时所言："万里长征，千回百折，顺利少于困难不知有多少倍，心情是沉郁的。过了岷山，豁然开朗，转化到了反面，柳暗花明又一村了。"此时怎能不喜？诗人已经完全忽略或者超越了忍

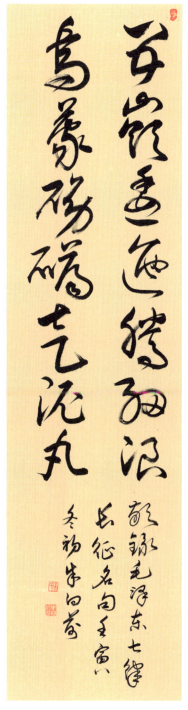

节录毛泽东《七律·长征》　朱向前书

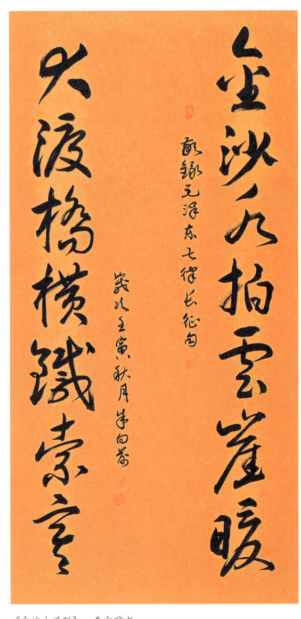

《金沙大渡联》 朱向前书

饥挨饿、顶风冒雪的艰辛，胸中喷薄而出的只有苦尽甘来的豪迈与乐观。那么，长征到底是什么？在中国老一辈军旅作家魏巍笔下，是"地球的红飘带"；在美国作家埃德加·斯诺的笔下，是"悲壮的史诗"；在美国记者哈里森·索尔兹伯里的笔下，是"前所未闻的故事"；在 20 世纪末世界史学家眼中，是千年以来影响人类的十大事件之一。而在此诗创作两个月之后，毛泽东在《论反对日本帝国主义的策略》一文中，更加理性而不失诗意、严谨而豪迈地总结道：

"长征是历史纪录上的第一次，长征是宣言书，长征是宣传队，长征是播种机。自从盘古开天地，三皇五帝到于今，历史上曾经有过我们这样的长征吗？十二个月光阴中间，天上每日几十架飞机侦察轰炸，地下几十万大军围追堵截，路上遇着了说不尽的艰难险阻，我们却开动了每人的两只脚，长驱二万余里，纵横十一个省。请问历史上曾有过我们这样的长征吗？没有，从来没有的。长征又是宣言书。它向全世界宣告，红军是英雄好汉，帝国主义者和他们的走狗蒋介石等辈则是完全无用的。长征宣告了帝国主义和蒋介石围追堵截的破产。长征又是宣传队。它向十一个省内大约两万万人民宣布，只有红军的道路，才是解放他们的道路。不因此一举，那么广大的民众怎会如此迅速地知道世界上还有红军这样一篇大道理呢？长征又是播种机。它散布了许多种子在十一个省内，发芽、长叶、开花、结果，将来是会有收获的。总而言之，长征是以我们胜利、敌人失败的结果而告结束。"

　　脚下千秋史，马上一首诗。长征，虽然仅仅历时一年，行程二万五千里，但它所记录和包含的人类精神和挑战极限的能量，却有着中国乃至世界历史上罕见的凝重、深邃和辽远。

念奴娇·昆仑

雪山　傅抱石作

念奴娇·昆仑 (1935 年 10 月)

横空出世，莽昆仑，阅尽人间春色。飞起玉龙三百万，搅得周天寒彻。夏日消溶，江河横溢，人或为鱼鳖。千秋功罪，谁人曾与评说？

而今我谓昆仑：不要这高，不要这多雪。安得倚天抽宝剑，把汝裁为三截？一截遗欧，一截赠美，一截还东国。太平世界，环球同此凉热。

125

《沁园春·雪》的先声之作
——《念奴娇·昆仑》赏析

　　《念奴娇·昆仑》和《沁园春·雪》写于长征胜利完成前后，是毛泽东一生中不多见的两首咏雪词，而且内容与长征完全无关。究其原因，大概有三：其一，1935 年 10 月，中央红军的长征基本胜利完成，陕北根据地已在望，马上就要"到家了"（毛泽东语），大山大河都已翻过，大艰大险都已斗罢，毛泽东作为党和红军的主要领导人自然不免如释重负，松了一口气，有了久违的轻松愉悦。一般而言，"文章憎命达""写忧而造艺""愤怒出诗人"，但如果走向了另一面尤其是达到了极致时，比如在激动、亢奋、大喜之情下，也是能出好诗的（比如李白的"仰天大笑出门去，我辈岂是蓬蒿人"，杜甫的"剑外忽传收蓟北""漫卷诗书喜欲狂"之类）。毛泽东能在 1935 年 10 月创作出 4 首诗词肯定也与这种心态有关，此前已有"更喜岷山千里雪，三军过后尽开颜"（《七律·长征》）的喜不自禁，此后又有"天高云淡，望断南飞雁"（《清平乐·六盘山》）的云淡风轻。这一首虽然没有直抒快意，但它的题材选择和主旨取向却透露了诗人的闲适与惬意。就像经过了一年的南北转战，中央红军终于跳出了敌军的重兵"围剿"一样，毛泽东也终于可以暂时把敌情放一放，完全以一个诗人的心境来尽情地欣赏一下银装素裹的昆仑雪山了。其二，据不完全考证，毛泽东过岷山也是平生第一次见到大雪山（长年积雪的大山），其"千里冰封，万里雪飘"的恢宏、寥廓、神奇，肯定给了毛泽东强烈的视觉刺激、审美感受与深刻的诗情记忆（此前《减字木兰花·广昌路上》的"漫

横空出世莽昆仑阅尽人间春色飞起玉龙三

百万搅得周天寒彻夏日消溶江河横溢人

或为鱼鳖千秋功罪谁人曾与评说

而今我谓昆仑不要这高不要这多雪安得倚天

抽宝剑把汝裁为三截一截遗欧一截赠美一

截还东国太平世界环球同此凉热

敬录毛泽东念奴娇昆仑一词以壬寅春月

来如负凡郎于三职同少将斧正 朱向前

毛泽东《念奴娇·昆仑》　朱向前书

127

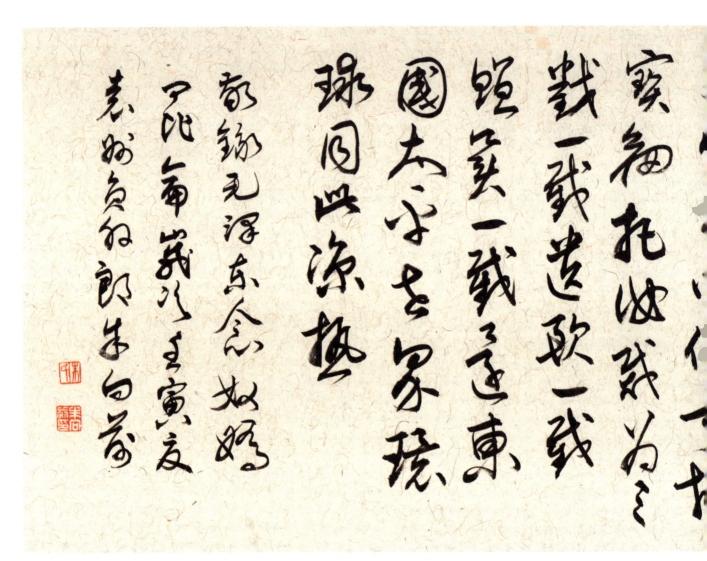

毛泽东《念奴娇·昆仑》　朱向前书

天皆白，雪里行军情更迫"，与此相比简直是小巫见大巫，那只是
山上有飘雪，而这里是整座长年积雪的大山，完全不可同日而语），
以至于他写 4 个月之后写下了千古名篇《沁园春·雪》。对《念奴
娇·昆仑》，毛泽东前后两次作注，原注曰："前人所谓'战罢玉
龙三百万，败鳞残甲满天飞'，说的是飞雪。这里借用一句，说的

横空出世，莽昆仑，阅尽人间春色。飞起玉龙三百万，搅得周天寒彻。夏日消溶，江河横溢，人或为鱼鳖。千秋功罪，谁人曾与评说。而今我谓昆仑：不要这高，不要这多雪。

是雪山。夏日登岷山远望，群山飞舞，一片皆白。老百姓说，当年孙行者过此，都是火焰山，就是他借了芭蕉扇煽灭了火，所以变白了。"后来又补注曰："宋人咏雪诗云：'战罢玉龙三百万，败鳞残甲满天飞。'昆仑各脉之雪，积世不灭，登高远望，白龙万千，纵横飞舞，并非败鳞残甲。夏日部分消融，危害中国，好看不好吃，

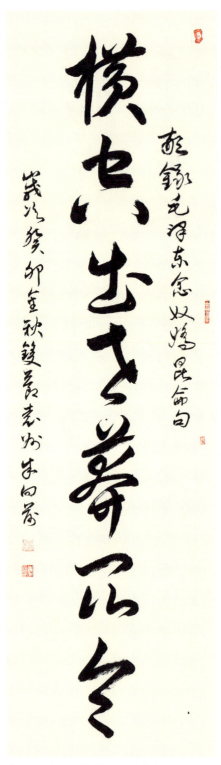

节录《念奴娇·昆仑》 朱向前书

试为评之。"一向惜墨如金的毛泽东，却不惜重复引用宋人诗句为注，两次补充表达初见大雪山之印象，由此可见昆仑大雪山带给他的震撼之深、印象之新、诗心之切，真正是如鲠在喉，不吐不快了。

其三，毛泽东毕竟首先是一个大革命家、大政治家，总是以天下为己任，心系天下苍生，先忧后乐，没有近虑，也有远忧，红军尚未完全脱离困境，诗人已经从昆仑山的千秋功罪联想到了帝国主义这座大山（诗人自注："昆仑：主题思想是反对帝国主义，不是别的"），并进而展望未来："而今我谓昆仑：不要这高，不要这多雪。安得倚天抽宝剑，把汝裁为三截？一截遗欧，一截赠美，一截还东国。太平世界，环球同此凉热。"最终的落脚点还是天下大同、共产主义，"环球同此凉热"。

《念奴娇》 朱向前书

　　最后，再换一角度看，《念奴娇·昆仑》的艺术风格突出体现了毛泽东诗词三大特色的前两个特点，一曰气势磅礴，二曰想象浪漫。试看上阕："横空出世，莽昆仑，阅尽人间春色。飞起玉龙三百万，搅得周天寒彻。夏日消溶，江河横溢，人或为鱼鳖。千秋功罪，谁人曾与评说？"恰如起句所示，整首词都是"横空出世"的大气魄、大意境、大手笔、大想象，以大对大，平等对话，以至于要"倚天抽宝剑""敢教日月换新天"。但是，慢吟之，细酌之，总觉上下两阕的转换或过渡或"对话"，还是略显突兀，尚未达到《沁园春·雪》的浑然天成。所以，从毛泽东词作两次咏雪的角度看，不妨说，《念奴娇·昆仑》正是《沁园春·雪》的先声之作或试笔之作。

清平乐·六盘山

毛泽东《清平乐·六盘山》词意图　傅抱石作

清平乐·六盘山 （1935 年 10 月）

天高云淡，望断南飞雁。不到长城非好汉，屈指行程二万。　六盘山上高峰，红旗漫卷西风。今日长缨在手，何时缚住苍龙？

不到长城非好汉

——《清平乐·六盘山》赏析

　　这首词中所写的六盘山为六盘山脉的第二高峰，位于宁夏南部固原市西南，海拔 2928 米，高耸入云。所以毛泽东说："天高云淡，望断南飞雁。不到长城非好汉，屈指行程二万。""望断"一句有两种解释：一是由于山高路险，鸟飞不过，因而看不见大雁，取李白乐府诗《蜀道难》"黄鹤之飞尚不得过"或宋之问《题大庾岭北驿》"阳月南飞雁，传闻至此回"之义；二是作者凝神远眺，直到再也

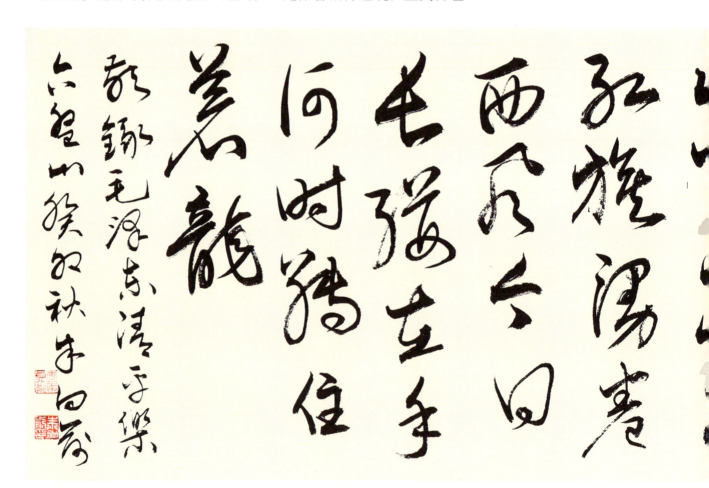

毛泽东《清平乐·六盘山》　朱向前

看不到南飞的大雁。二者都通，合二为一，描画出一幅诗人有点惆怅、有点怀念、有点耽于回想而不免感伤的秋日凝思图，随即笔锋一转，出语坚定，气韵铿锵："不到长城非好汉，屈指行程二万。"此处"长城"也有两解：一是喻指烽火连天的抗日前线，正合红军"北上抗日"的宗旨；二是指横亘于陕西北部的万里长城中段，借指陕北革命根据地。两解也都有理。总之，它表达了不达目的誓不罢休的决绝信

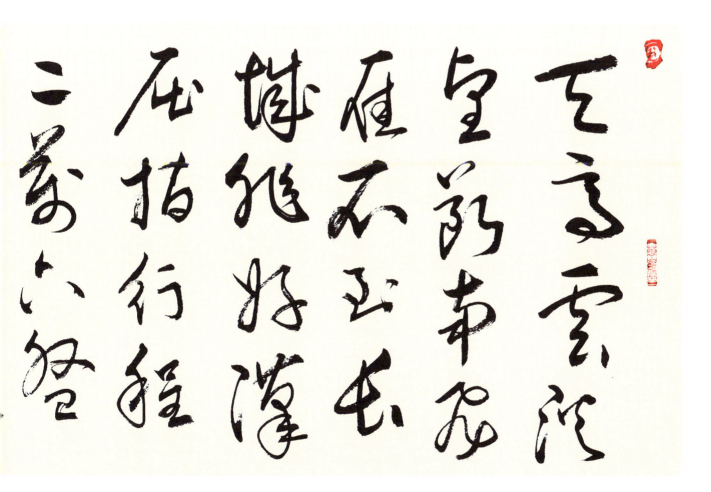

《不到长城非好汉》 朱向前书

念，因而为人们今天所广泛引用。该句是流传最广的毛泽东诗词名句之一，因为它太符合毛泽东一以贯之的战斗精神了，以至于和很多毛泽东诗词名句组合都不勉强。如"不到长城非好汉，万水千山只等闲""敢教日月换新天，不到长城非好汉"。

下阕："六盘山上高峰，红旗漫卷西风。今日长缨在手，何时缚住苍龙？"经过崎岖山路登上六盘山最高峰，毛泽东极目四野，只见红旗翻卷，或许不如当年"风展红旗如画"（《如梦令·元旦》）的壮美，眼下这支队伍也可能更加衣衫褴褛，甚至蓬头垢面，但他们都是枪林弹雨中冲杀出来的铁血战士，是革命的种子、燎原的星火、英雄中的精英、以一当十的无敌勇士。正是因为有了他们，毛泽东才心雄万夫，胜券在握，坚信"今日长缨在手"，敢问"何时缚住苍龙"。此处"苍龙"又有两解：毛泽东自注为蒋介石——当时已与中国共产党人和中国工农红军死磕了近10年的死对头，但指向中华民族当前的大敌日本帝国主义也许更贴切。

貌似疑问存焉：何时缚住苍龙？

实则斩钉截铁：必须缚住苍龙！

全词用语朴实自然，情感深沉真挚，意境高远恢宏，充满了英雄主义和乐观主义精神，用四两拨千斤的高妙手法，轻松而又不失厚重地表达了国内革命战争向民族解放战争转变之际的毛泽东的心声。

《红旗漫卷西风》　朱向前书

拾

陆

沁园春·雪

毛泽东《沁园春·雪》词意图　傅抱石作

沁园春·雪 （1936年2月）

北国风光，千里冰封，万里雪飘。望长城内外，惟余莽莽；大河上下，顿失滔滔。山舞银蛇，原驰蜡象，欲与天公试比高。须晴日，看红装素裹，分外妖娆。

江山如此多娇，引无数英雄竞折腰。惜秦皇汉武，略输文采；唐宗宋祖，稍逊风骚。一代天骄，成吉思汗，只识弯弓射大雕。俱往矣，数风流人物，还看今朝。

143

千古雄词
——《沁园春·雪》赏析

1945 年，吴祖光先生在重庆《新民报晚刊》副刊《西方夜谭》首发该词时曾加编者按："毛润之先生能诗词，似鲜为人知。客有抄得其《沁园春·雪》一词者，风调独绝，文情并茂，而气魄之大乃不可及。"直至晚年，吴祖光还以首发毛泽东词作《沁园春·雪》为平生荣耀，并坚定认为把该词置于古今中外大家的一流诗词作品中，都是杰作之中的杰作。而当年的词坛盟主柳亚子先生则更是对其推崇备至，他的和词下阕如此写道："才华信美多娇，看千古词人共折腰。算黄州太守，犹输气概；稼轩居士，只解牢骚。更笑胡儿，纳兰容若，艳想秾情着意雕……"他这个说法言重了，一竹篙打翻了一船人："看千古词人共折腰"——豪放派大师苏轼气势不够，"气吞万里如虎"的辛弃疾也只会发发牢骚，"千古伤心词人"纳兰容若更是只能雕琢一点"艳科"……如此写完仍觉意犹未尽，还公然对陪都重庆词坛叫板：毛泽东乃中国有词以来第一作手，"苏、辛犹未能抗手，况余子乎"？

1945 年 10 月 21 日，柳亚子应尹瘦石之邀，又在自己的和词上欣然命笔，加了一段跋，云："毛润之《沁园春》一阕，余推为千古绝唱，虽东坡、幼安，犹瞠乎其后，更无论南唐小令、南宋慢词矣……余词坛跋扈，不自讳其狂，技痒效颦，以视润之，始逊一筹，殊自愧汗耳！"

如今，近 80 年过去了，应该说，吴、柳、二公的眼光经受住了时间的考验。《沁园春·雪》以它独特的魅力频频出现在教科书、荧屏、

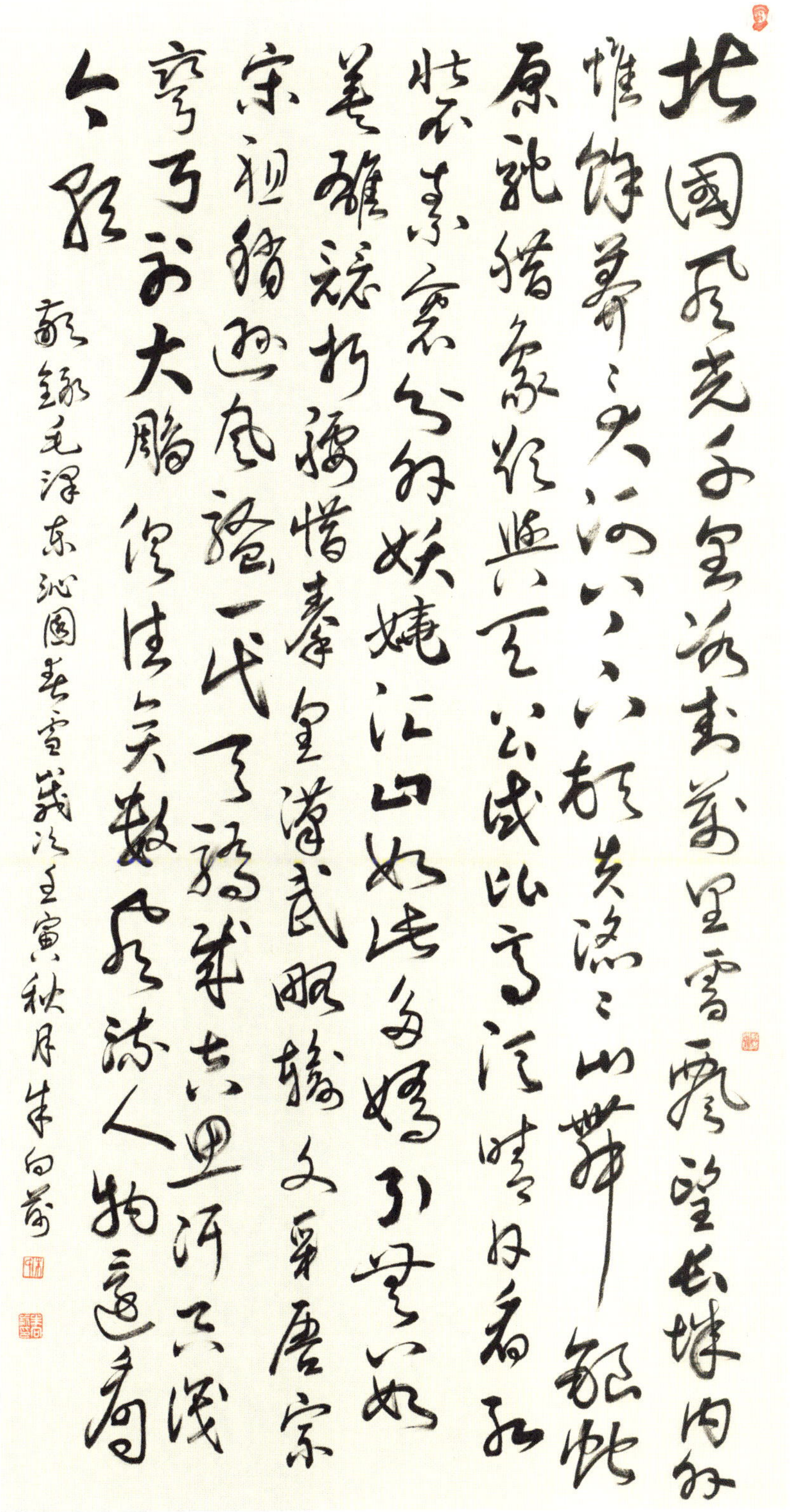

北国风光，千里冰封，万里雪飘。望长城内外，惟余莽莽；大河上下，顿失滔滔。山舞银蛇，原驰蜡象，欲与天公试比高。须晴日，看红装素裹，分外妖娆。江山如此多娇，引无数英雄竞折腰。惜秦皇汉武，略输文采；唐宗宋祖，稍逊风骚。一代天骄，成吉思汗，只识弯弓射大雕。俱往矣，数风流人物，还看今朝。

敬录毛泽东沁园春雪 岁次壬寅秋月 朱向前书

毛泽东《沁园春·雪》 朱向前书

145

《一代天骄》 朱向前书

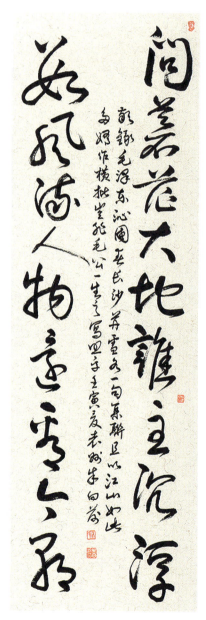

节录《沁园春·雪》 朱向前书

舞台和各种规格的会议室、接待室、办公室、酒店以及千千万万的家庭中。有一件小事也许更具代表性，那就是在当今多元文化的背景下，在众声齐鸣的网络平台上，有一个现象始终稳定，即不同网站上"中国历史上最豪放、最大气、最震撼的10首诗词"之类的排行榜，看来看去，大体是曹操、李白、杜甫、张若虚、毛泽东、苏轼、辛弃疾、岳飞等人的代表作。但无论怎么排，《沁园春·雪》始终名列前茅，甚至高居榜首。

再说，我们成天呼吁经典，而且强调时间是经典最公正的评家与选家，那么，《沁园春·雪》创作至今80多年过去了，公开发表也快80年了，这个时间还不够长吗？就是现当代作家作品能够或已经经受住了半个世纪检验的又有多少呢？不要说现当代作家作品至今仍能活在人们心中、口中的只是个位数。

如此说来，将《沁园春·雪》纳入长征诗词的范畴来论述是否把它说小了？其实，说小也确实有点小，《沁园春·雪》虽然创作于长征刚结束不久，但它远非长征这一事件或题材主题所能涵盖。因为在这短短的一年中，中国工农红军和中国革命乃至毛泽东本人，都完成了一场浴火重生和凤凰涅槃；二万五千里的铁流用脚印、鲜血和生命写就了一首史诗，写就了一篇中国共产党人革命的胜利预言！说不小也不小，它创作于中央红军甫到陕北、根基未稳之时，而且"长征一完结，新局面就开始了"（毛泽东语）。假如没有红军长征这么一条大红线的引领，没有毛泽东若干首长征诗词的铺垫，没有由东南向西北两万多里的艰苦卓绝的跋涉，中国革命就不能获得陕北革命根据地这样一个崭新的落脚点和出发点，毛泽东的胸襟和眼光还可能达不到这样一个空前的高度，所以，它顺理成章地成为毛泽东长征诗词的压卷之作。1936年2月，毛泽东率领红军东渡黄河抗日，在黄河边清涧县的小山村袁家沟遇大雪，诗兴大发，慷慨系之，不经意间就吟出了一首震古烁今的千古雄词。它在红军长征收官与全民族抗战开始的转换之间，从43岁的风华正茂、雄姿英发的毛泽东的胸中喷薄而出，睥睨六合，一无依傍，横空出世，自铸伟词，使毛泽东的名字一下子就深深地锲进了中国诗歌史的长卷之中！

再以大历史观观之，毛泽东可谓一辈子打下了两座江山：在马背上得天下的同时，又用如椽大笔打下了一座文化的江山，后者的主要表征就是"三大家"——诗词大家、文章大家、书法大家。而诗词又是毛泽东文化江山中的高峰，《沁园春·雪》则是文化高峰中的巅峰，它集毛泽东诗词气势磅礴、想象浪

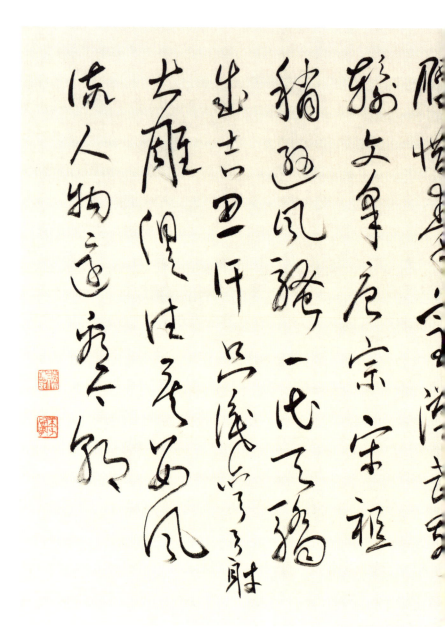

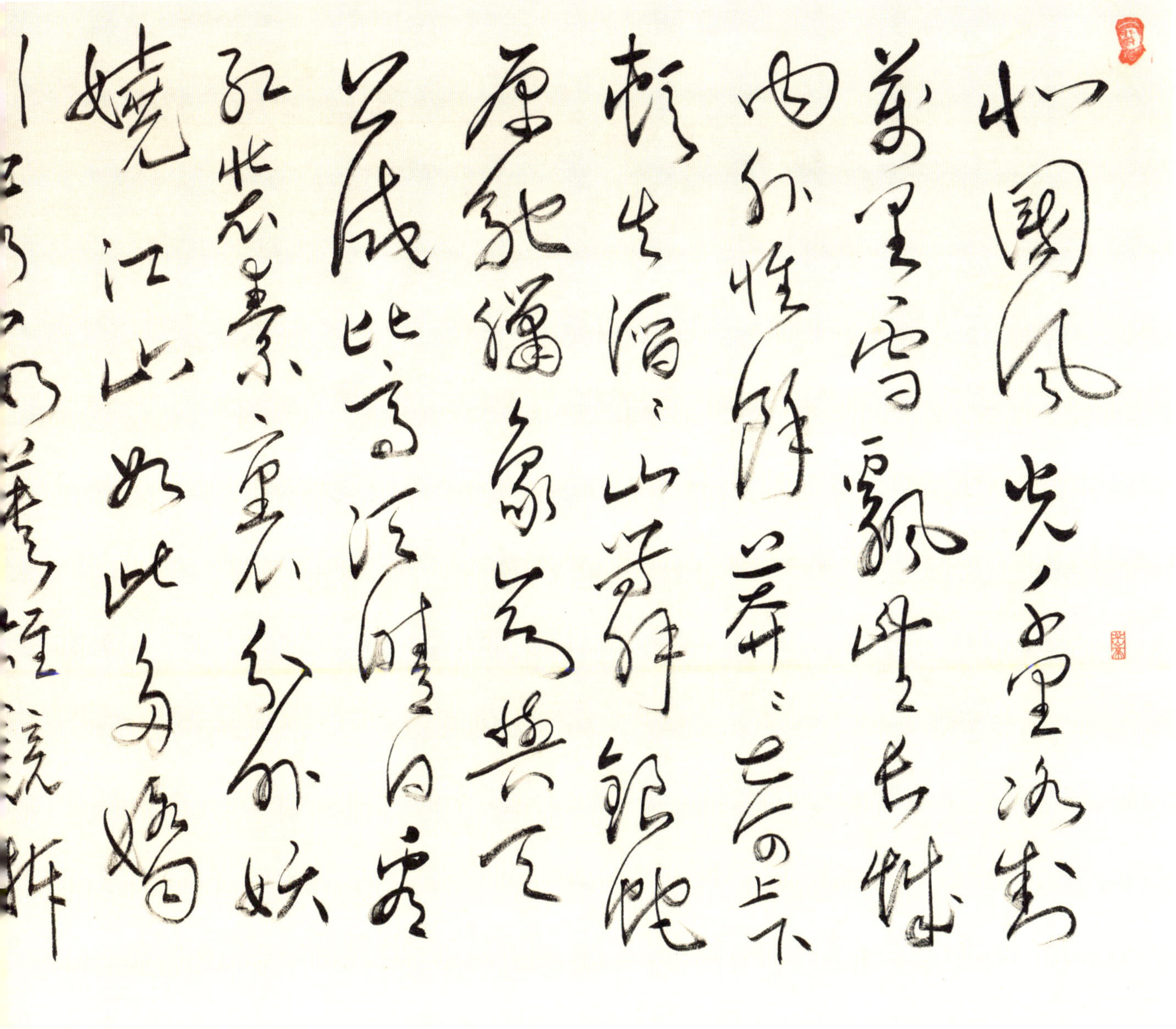

北国风光，千里冰封，万里雪飘。望长城内外，惟余莽莽；大河上下，顿失滔滔。山舞银蛇，原驰蜡象，欲与天公试比高。须晴日，看红装素裹，分外妖娆。

江山如此多娇，引无数英雄竞折腰

临毛泽东书《沁园春·雪》 朱向前

149

漫、文辞华美三大特征于一身，卓立词林，雄视千古。

开篇即横空出世，起手以"国"："北国风光，千里冰封，万里雪飘。"然后以"望"字领7句，长城、黄河、高山、莽原，尽在一望中，目力所及，视通万里，如立秦岭之巅、居昆仑之顶，乃至有翱翔云端之感（其实毛泽东首次坐飞机还是在9年之后）、气雄万古之势，比李白的"黄河之水天上来"如何？比苏轼的"大江东去，浪淘尽，千古风流人物"又如何？这种视野的辽阔表明了胸襟的辽阔，视角的高度表明了精神的高度。毛泽东分明是带着"三军过后尽开颜"（《七律·长征》）的喜悦而来，带着"雄关漫道真如铁"（《忆秦娥·娄山关》）的豪迈而来，带着"今日长缨在手，何时缚住苍龙"（《清平乐·六盘山》）的自信而来，以至于激情与雄心喷薄而出，"欲与天公试比高"！

但且慢，"须晴日，看红装素裹，分外妖娆"。须臾之间，从冰封雪盖的严酷到"山舞银蛇，原驰蜡象"的壮丽，再到"红装素裹"的妩媚，词人眼中的祖国大地，分明渐次幻化成了绝世美女。"欲与天公试比高"不经意之中，词人以情感角逐替代了中原逐鹿的传统意象，完成了大翻转，不愧是大手笔。

下阕起首以"娇"——"江山如此多娇"，注意，是"女"字旁的"娇"，"娇媚"的"娇"，"娇柔"的"娇"，真是"我见青山多妩媚，料青山见我应如是"（辛弃疾词），英雄美人，铁骨柔情，因而顾盼自雄，思接千载。"引无数英雄竞折腰"，又以一"惜"字，领出秦皇汉武、唐宗宋祖、成吉思汗，他们均为一代雄主，但词人却为之可惜、叹惜、惋惜，为什么呢？"略输文采""稍逊风骚"啊，"只

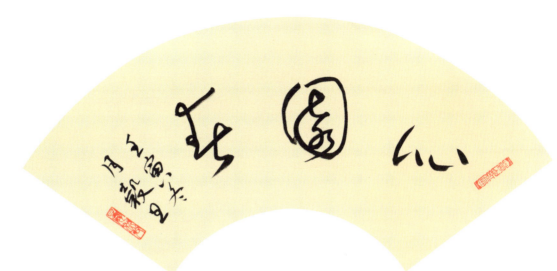

《沁園春》　朱向前书

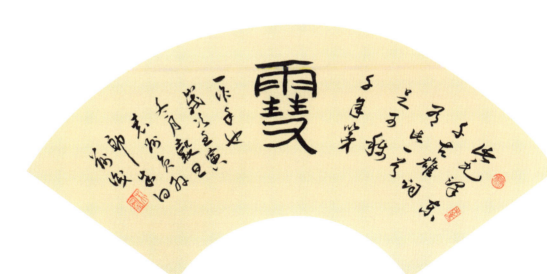

《雪》　朱向前书

151

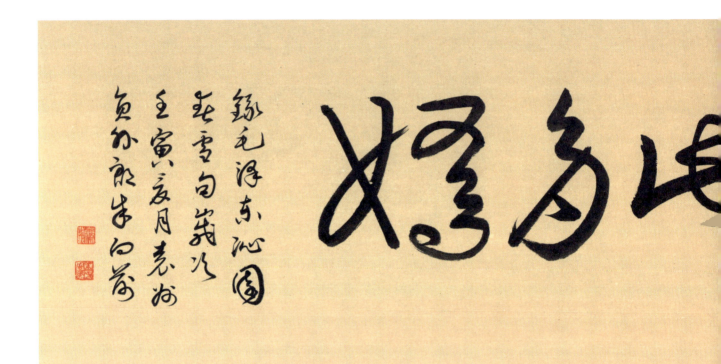

《江山如此多娇》 朱向前书

识弯弓射大雕"啊，都不足与论。作者自注说："雪：反封建主义，批判二千年封建主义的一个反动侧面。文采、风骚、大雕，只能如是，须知这是写诗啊！难道可以谩骂这一些人们吗？"诗人在此巧妙地完成了政治话语的诗意转化、古典话语的现代转化，然后，大笔一挥，"俱往矣"，勾掉了 5 个大帝！最后宣告："数风流人物，还看今朝。"这是作者的自许吗？还是对一代新人的期望？我看兼而有之。

我无意中发现，如果从毛泽东两首代表作《沁园春·长沙》《沁

园春·雪》中各取一句，恰成一副妙联。上联：问苍茫大地，谁主沉浮？下联：数风流人物，还看今朝。横批：一代天骄。

以此联为毛公写照，浑然天成矣。

临江仙·给丁玲同志

毛泽东词意图　傅抱石作

临江仙·给丁玲同志 (1936 年 12 月)

壁上红旗飘落照，西风漫卷孤城。保安人物一时新。洞中开宴会，招待出牢人。　纤笔一枝谁与似？三千毛瑟精兵。阵图开向陇山东。昨天文小姐，今日武将军。

纤笔一枝谁与似

——《临江仙·给丁玲同志》赏析

《临江仙·给丁玲同志》　朱向前书

毛泽东的这首词写于 1936 年 12 月。刚刚从南京脱险，辗转到达保安，马上又随红一军团奔赴前线的女作家丁玲，收到了毛泽东发给前线司令员聂荣臻转送的一封电报，电报的内容就是这首词。以电报的形式发送诗词，是毛泽东的发明创造。后来，他给彭德怀发过《六言诗·给彭德怀将军》，又在百万雄师横渡长江之际通过前线指挥部给全军将士发过《七律·人民解放军占领南京》。这是诗人毛泽东的浪漫，也足以见出一个大政治家对宣传舆论的高度重视。

"壁上红旗飘落照，西风漫卷孤城。保安人物一时新。洞中开宴会，招待出牢人。"词的上阕写的是一个月以前（也就是 1936 年 11 月）为欢迎丁玲来到保安而举行的堪称盛大的欢迎宴会。首句是一个宏观的场景描写，十分遒劲苍凉。保安县城头上的红旗在夕阳中迎风招展，西风残照，孤城万仞山，颇具边塞诗风。保安（后改

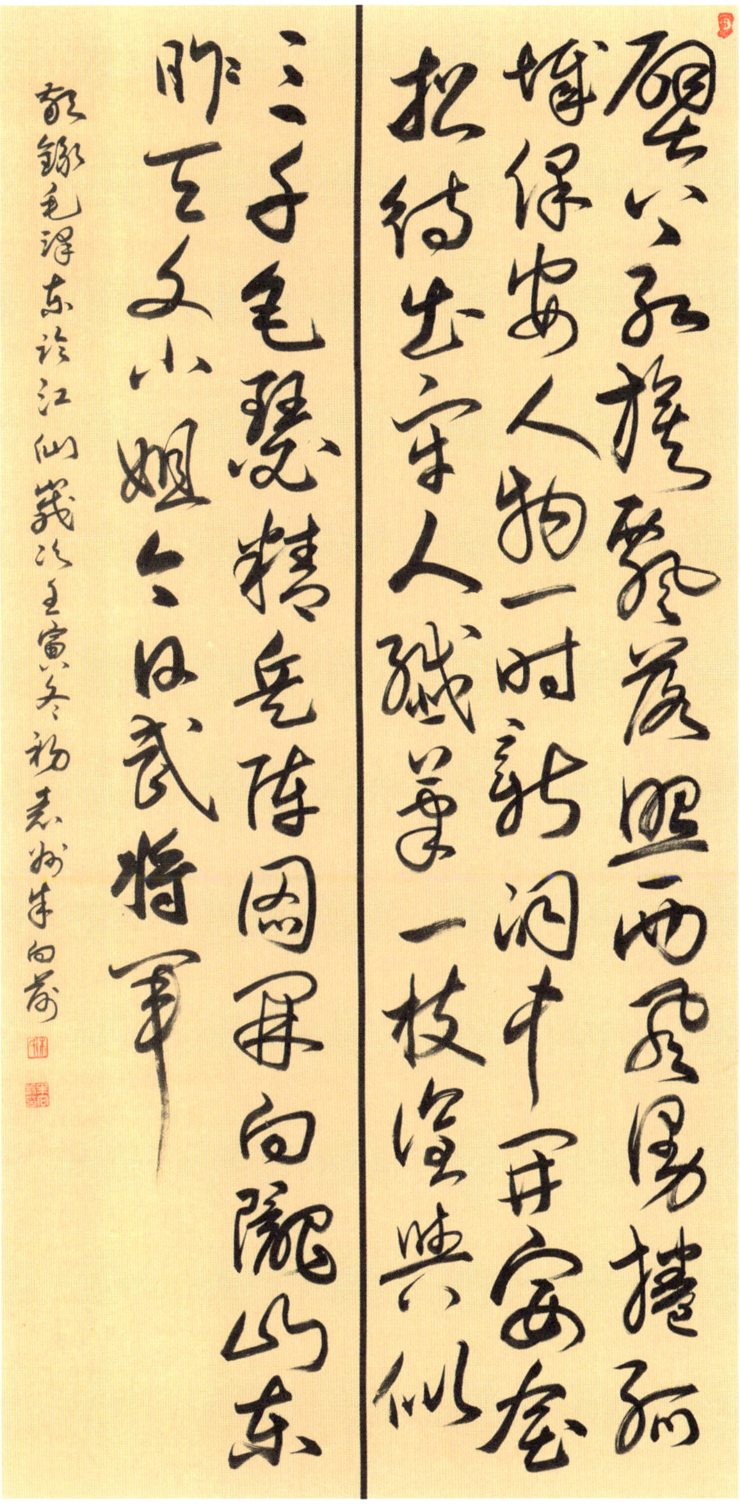

壁上红旗飘落照，西风漫卷孤城。保安人物一时新。洞中开宴会，招待出牢人。

纤笔一枝谁与似，三千毛瑟精兵。阵图开向陇山东。昨日文小姐，今日武将军。

录毛泽东诗临江仙岁次壬寅冬初吉朱向前

毛泽东《临江仙·给丁玲同志》　朱向前书

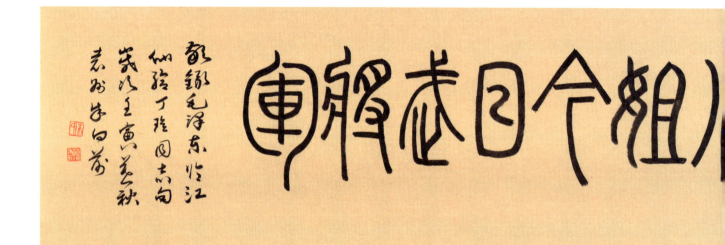

《昨天文小姐 今日武将军》 朱向前书

名志丹县）位于陕西省西北部，毗邻甘肃，是当时的党中央所在地。
但整个县城却没有一家像样的店铺，极为荒凉。接下来两句不再延
续这种情绪和意象，而是词锋一转——"保安人物一时新"，说的
是丁玲来到保安，整个风气都为之一新。这个"新"字，有新奇、
新异、稀有之意——当时红军队伍中除了成仿吾等人就没有什么知
名作家了，更何况像丁玲这种享有盛名的左翼作家。这一句不仅说
明了毛泽东对丁玲的重视，更透露出毛泽东对全国的文学艺术家们
投身抗战前线的欢迎和期盼。"洞中开宴会，招待出牢人。"当天
的宴会，毛泽东、周恩来、张闻天、博古等中共领袖悉数到场，以

一种热情高调的姿态向国人乃至世界发出了一个强烈信号：延安欢迎你们！抗战需要你们！同时，也从侧面勾勒出了丁玲活力充沛、英姿飒爽的形象。这两句渲染了欢乐、幽默的气氛，充满了浓厚、朴素的生活气息。

下阕描绘的就是一个文武双全的女将军形象，"纤笔一枝谁与似"化用了孙中山先生的名言"一枝笔胜于三千毛瑟枪"，借此称赞丁玲的生花妙笔和文章大业。而在欢迎宴会当晚，毛泽东曾询问过丁玲的志向，丁玲表示愿意到前线打仗，毛泽东当场深表赞同。"阵图开向陇山东"，"陇山东"说的就是红一军团当时作战的甘陕边

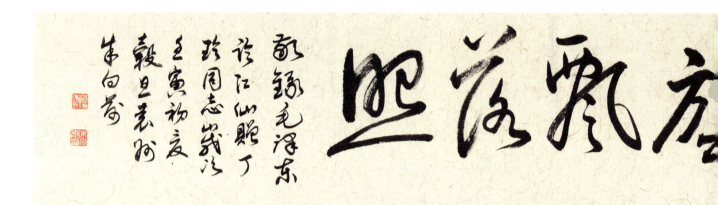

境一带，指丁玲可以随红一军团作战；"阵图"就是行军图，借指红一军团。最后两句——"昨天文小姐，今日武将军"，毛泽东盛赞丁玲由纤弱的小姐变成了威武的将军。

这首词格调欢快鲜明，洋溢着革命的乐观主义精神，同时也勾勒出一个红军女将的生动形象。红军当时确实缺少像丁玲这样的文艺名家。丁玲到来以后，马上就任中国文艺协会的主任。在中国文艺协会成立大会上，毛泽东说："中国苏维埃成立已经很久，已做了许多伟大惊人的事业，但在文艺创作方面，我们干得很少……就是说过去我们都是干武的，现在我们不但要武的，我们也要文的了，我们要文武双全。"

6 年之后，1942 年 5 月，毛泽东《在延安文艺座谈会上的讲话》指出："我们要战胜敌人，首先要依靠手里拿枪的军队。但是仅仅有这样的军队是不够的，我们还要有文化的军队，这是团结自己、战胜敌人必不可少的一支军队。"

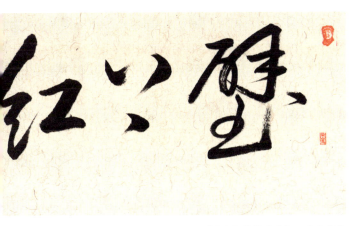

《壁上红旗飘落照》 朱向前书

　　事实上，当时正如毛泽东所指出的，我们党已经成功地领导了两支大军：一支是朱（德）领导的拿枪的军队，一支是鲁（迅）领导的拿笔的军队——从全国各地奔向延安而且出席了延安文艺座谈会的著名文艺家就有丁玲、艾青、萧军、刘白羽、于黑丁、陈学昭、马加、张仃、严辰、方纪、周扬、何其芳、严文井、周立波、陈荒煤、张庚、钟敬之、田方、江丰、力群、罗工柳、华君武、马达、王式廓、蔡若虹、吕骥、郑律成、萧三、范文澜、艾思奇、欧阳山、草明、郭小川等百余人，在全国文艺界具有很大的代表性和号召力。两支大军合二为一，文武之道，一张一弛，为最终打败日本侵略者和完成中华民族的独立解放大业，奠定了坚实的基础。

拾

捌

七律·人民解放军占领南京

毛泽东《七律·人民解放军占领南京》诗意图 傅抱石作

七律·人民解放军占领南京

（1949 年 4 月）

钟山风雨起苍黄，百万雄师过大江。

虎踞龙盘今胜昔，天翻地覆慨而慷。

宜将剩勇追穷寇，不可沽名学霸王。

天若有情天亦老，人间正道是沧桑。

167

人间正道是沧桑
——《七律·人民解放军占领南京》赏析

这首七律算得上是中国近现代最著名的七律了，没有之一。
1949 年 4 月 21 日，中国人民解放军百万大军，以摧枯拉朽之势，
突破了蒋介石固若金汤的"长江天险"和"千里江防"。23 日，解
放军占领了国民党政府的统治中心南京，并且把军旗插在了南京总
统府楼顶。革命终于胜利了！这个时候，我眼前浮现的是写下"青
草池中蛙句句，为公乎，为私乎？"的踌躇少年，是秋收起义那一
支不正规的队伍，是井冈山缭绕的雾气、云贵一带崔嵬险峻的群山、
娄山关的血色残阳、秦晋高原上那荒凉的月夜和窑洞中晃动的烛
光……1927 年秋天从南昌城和井冈山冲出来的"旗号镰刀斧头"（《西
江月·秋收暴动》）的那支队伍，22 年之后居然推翻了蒋家王朝，
这真是不可思议的伟大史诗。

"钟山风雨起苍黄，百万雄师过大江。虎踞龙盘今胜昔，天翻地
覆慨而慷。宜将剩勇追穷寇，不可沽名学霸王。天若有情天亦老，人
间正道是沧桑。"从字面上来看，这首诗具有典型的毛泽东风格，"钟
山风雨""苍黄""百万雄师""大江""天翻地覆""霸王""人
间正道""沧桑"都是张扬而豪迈的大词。诗里那种排山倒海、一泻
千里的气势，也颇似他自己早年的那首《蝶恋花·从汀州向长沙》。
这首词中有"六月天兵征腐恶，万丈长缨要把鲲鹏缚"的词句，所不
同的是，那时的"万丈长缨"不过是几万人马，"要把鲲鹏缚"也只
能是在诗歌创作里完成，而这时的"百万雄师"是真正的百万雄师。
三路大军一路摧枯拉朽，连战连捷，中华大地眼看就要"天翻地覆"了。

毛泽东《七律·人民解放军占领南京》
朱向前书

《人间正道是沧桑》 朱向前书

"钟山"指的是位于南京市的东面中山门外的紫金山。"苍黄"，有风云变色的意思，也有一说通"仓皇"，有突如其来之意。本句是说长江岸边的南京在进行一场激烈的战斗。"虎踞龙盘"就其本义，指南京城外的两座山：一是紫金山，一是石头山。南京古称"建业"，后称"金陵"，三国时为吴国都城，《吴录》上说诸葛亮看到建业的地势时曾说："钟山龙盘，石头虎踞，此帝王之宅。"意为南京地势险峻、易守难攻，熟读三国史的毛泽东当然情不自禁要用此典故。

诗中的这个"霸王"说的是西楚霸王项羽，毛泽东的意思都是要以史为鉴，要求解放军务必穷追猛打，不给反动派任何喘息之机，直到把蒋介石政府彻底打垮。

毛泽东特别偏爱李贺的诗是人所共知的。1929 年，他在福建上杭城里就反用李贺《金铜仙人辞汉歌》里的"天若有情天亦老"，写出"人生易老天难老"（《采桑子·重阳》），这里他干脆把这

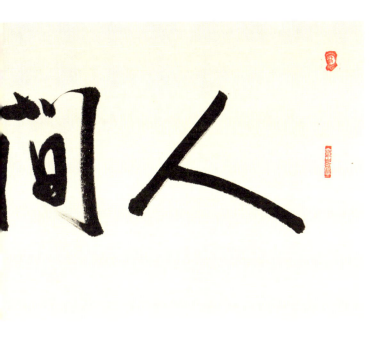

一句直接挪了过来。不过他用得有新意，因为下句"人间正道是沧桑"，立意又不止于纯粹的感叹了，而是在雄浑中抒发了无限的感慨。而具体到当时的历史环境，毛泽东何言"人间正道是沧桑"？正如毛泽东所说："夺取全国胜利，这只是万里长征走完了第一步……中国的革命是伟大的，但革命以后的路程更长，工作更伟大，更艰苦。"自然界如果有知，它会体察到兴盛与衰败交替这条不可改变的法则，事物不断地向前发展和变化更新，这是必然的规律。中国共产党人就是要顺应历史潮流，把中国社会的发展变化推向前进。

最后我想到，论写南京的名篇，毛泽东此诗也许受到过高启《登金陵雨花台望大江》的些许影响。毛泽东曾经在笔记中写道："高启，字季迪，明代最伟大的诗人。"《四库全书》中说高启"天才高逸，实据明一代诗人之上"。高启的诗雄沉大气，韵姿天纵，逸兴遄飞，而且他为人也很有傲骨，擢户部侍郎而不受，是个真隐士。高启在

节录毛泽东《七律·人民解放军占领南京》 朱向前书

洪武二年（1369年）写了一首《登金陵雨花台望大江》，表现了作者对和平生活的渴望，赞美了削平群雄、一统中原的明太祖朱元璋。这首诗结构精美，气度豪放，蔚为当时名篇。南京是六朝古都，古称"金陵"，为长江南岸重地。解放军占领南京时，毛泽东正在北京西郊香山的双清别墅里。院内两股清泉从石缝里日夜汩汩而出，正如那幅著名的照片所摄，借着香山幽静的氛围，毛泽东凝视着刊登了人民解放军攻克南京的消息的《人民日报》，想象着烟雨迷蒙的钟山和滚滚逝去的长江，脑海里浮现出几首诗来，有"千寻铁锁沉江底，一片降幡出石头"（刘禹锡《西塞山怀古》），也有"钟山如龙独西上，欲破巨浪乘长风"（高启《登金陵雨花台望大江》），其思绪、遣词造句和情感受到一些浸染，完全在情理之中。

浪淘沙·北戴河

毛泽东《浪淘沙·北戴河》词意图　傅抱石作

浪淘沙·北戴河 （1954年夏）

大雨落幽燕，白浪滔天，秦皇岛外打鱼船。一片汪洋都不见，知向谁边？

往事越千年，魏武挥鞭，东临碣石有遗篇。萧瑟秋风今又是，换了人间。

两个"唯一"：大海和曹操
——《浪淘沙·北戴河》赏析

如果说《浪淘沙·北戴河》有什么特点的话，在我看来，就是创造了毛泽东诗词题材中的两个"唯一"，此词也因此为我所看重：一是写大海，二是写帝王。

先说第一个"唯一"：大海。毛泽东因一首《沁园春·雪》而被柳亚子推崇为"中国有词以来第一作手"，柳亚子仰慕毛泽东词作的大胸襟、大视野、大气魄。确如柳言，毛泽东常遣大江大河、长天高山入笔端，以大写大，每每是胸中有日月，笔底出壮词。特别是新鲜的、新奇的事物，更能激发他的创造力。譬如 1935 年 10 月，毛泽东第一次见到昆仑雪山，即诗情万丈，情不自禁唱道："横空出世，莽昆仑，阅尽人间春色。飞起玉龙三百万，搅得周天寒彻。"一词既成还意犹未尽，以至于 4 个月后，再写一首《沁园春·雪》续之。1954 年，他在北戴河见海也大抵如此吧。毛泽东此次是否平生第一次见到雨中大海已不易考，但写入诗词却肯定是第一次，而且终其一生也是唯一的一次。起句"大雨落幽燕"排空而来，立刻就给人以雨声如鼓、雨势如箭的联想，紧接着"白浪滔天"一句，更让人感觉狂风扫雨，大浪如山，铺天盖地，水天混沌，莫可分辨。"大雨""白浪"，一飞落，一腾跃，横冲直撞，更兼风如吼，浪如雷，绘形绘声绘色，一幅人间罕见的暴雨大海狂浪图就在这 9 个字中定格了。随着诗人视角仰观、前瞻的变化，画面也从陆而海、从上而下、从近而远，渐次推移，愈来愈远——"秦皇岛外打鱼船。一片汪洋都不见"。诗人放眼望去，眼前只有一片片翻滚的巨浪，大雨落幽燕，白浪滔天，秦皇岛外打鱼船。一片汪洋都不见，知向谁边？

往事越千年，魏武挥鞭，东临碣石有遗篇。萧瑟秋风今又是，换了人间。

毛泽东《浪淘沙·北戴河》　朱向前书

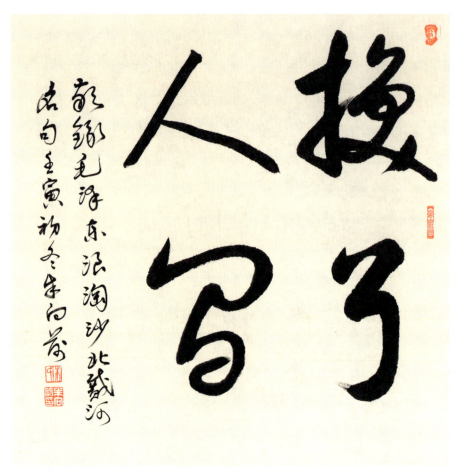

《换了人间》 朱向前书

天与海通体一色，水天相接之处，那些渔船不知道被冲到哪里去了。

赵朴初先生说"打鱼船"指的是帝国主义的军舰，而毛泽东作此词时正是中华人民共和国成立之后形势极好的时期，刚刚打赢了抗美援朝战争，中国的国际地位大幅提升，帝国主义已经不敢轻易来扰，从这个角度看，这个说法是很有道理的，且作一说。但诗词是感性而直观的文学创作，诗人写作这首词的时候就是因为风浪夹杂暴雨，眼前茫茫一片，所以没有看到海面上的船。没有看到，就不禁会联想、猜测这些船被冲到什么地方去了，因而关注、担心渔民的安危。毛泽东在《对〈毛泽东诗词〉若干词句的解释》（1964年1月27日）中也说："'一片汪洋都不见，知向谁边？'是指渔船不见。"他并没有说这个"渔船"是帝国主义的军舰。用一个疑问句来以实写虚，以小写大，以船写海，用一个微小的意象来反衬大海的寥廓，从而显示了深邃苍茫的空间感。

上阕写海描景，景中有情；下阕怀古抒情，情中有人。面对此情此景，不免思接千载——"往事越千年"，实际上是1700多年前，即建安十二年（207年），曹操北征乌桓曾路过这里，面对辽阔的大海，写下"东临碣石，以观沧海……秋风萧瑟，洪波涌起"之著名诗篇《观沧海》，这首诗极尽苍茫雄沉，而且曹操的这种风格很对毛泽东的口味。在汉魏六朝诗人中，毛泽东尤爱曹操的诗，尤其是《龟虽寿》《观沧海》，毛泽东一生中不仅反复吟诵，而且反复书写。可以说，曹操的诗在很大程度上影响了毛泽东的诗词风格。有一次他对工作人员说："我还是喜欢曹操的诗。气魄雄伟，慷慨悲凉，是真男子，大手笔。"毛泽东不但欣赏曹操的诗，也十分欣赏曹操的文韬武略。他曾多次说过："曹操统一北方……改革了东汉的许多恶政，抑制豪强，发展生产，实行屯田制，还督促开荒，推行法制，提倡节俭，使遭受大破坏的社会开始稳定、恢复、发展。这些难道不该肯定？难道不是了不起？""三国的几个政治家、军事家，对统一都有所贡献，而以曹操为最大。"毛泽东还说，曹操是白脸奸臣，那是封建正统观念制造的冤案，这个案要翻。曹操有生之年并没有当皇帝，建安二十五年（220 年），曹操逝世以后被他儿子追封为魏武帝，但是毛泽东认这个账，愿意尊他一声"魏武帝"——"魏武挥鞭"嘛。这就说到了此词的第二个"唯一"，即写帝王。虽然此前已有《沁园春·雪》中的名句，以一"惜"字领出了五个帝王："惜秦皇汉武，略输文采；唐宗宋祖，稍逊风骚。一代天骄，成吉思汗，只识弯弓射大雕。"五位大帝都是中国历史上的雄君明主，但请注意，这里只是虚写，且以一"惜"字评价，为之惋惜、叹息，叹息什么呢？"略输文采""稍逊风骚"啊！这无意间揭示了毛泽东臧否历史人物的一个重要标准，那就是有没有文采、文化，以及文化的修为、承传、建设与创造。对比之下，曹操有，因而为毛泽东所欣赏、推重乃至叫好！好就好在曹操不仅消灭豪强，统一北方，开疆拓土，文治武功，而且还"东临碣石有遗篇"，有名篇传世啊！这就是文化的力量，这就是"立德、立功、立言"三不朽啊！这是中国传统文化之完人的标准，恐怕也是毛泽东心中的一根标杆。所以，曹操才成为唯一一个被毛泽东用半首词（下阕）来抒写的帝王。（1949 年的《七律·人民解放军占领南京》有句涉及项羽，也是虚写，而且结论还是否定性的："不可沽名学霸王。"与曹操不可同日而语。）结句"萧瑟秋风今又是，换了人间"与"俱往矣，数风流人物，还看今朝"有同有异，异中有同，同中有异：同在对时光如水的感怀中都带着一份换了新天的欢悦；异在后者有一种煮酒论英雄式的自信与豪迈，而前者满溢着"敢教日月换新天""遍地英雄下夕烟"式的对祖国和人民的由衷赞美。总之，《浪淘沙·北戴河》整体意境高蹈慷慨、雄沉豪迈，充满了激情和力量，通古今之神韵，发骚人之情思，尤以两个"唯一"而在毛泽东诗词特别是中华人民共和国成立以后的毛泽东诗词中占有重要的一席之地。

水调歌头·游泳

毛泽东《水调歌头·游泳》词意图　傅抱石作

水调歌头·游泳 （1956年6月）

才饮长沙水，又食武昌鱼。万里长江横渡，极目楚天舒。不管风吹浪打，胜似闲庭信步，今日得宽余。子在川上曰：逝者如斯夫！

风樯动，龟蛇静，起宏图。一桥飞架南北，天堑变通途。更立西江石壁，截断巫山云雨，高峡出平湖。神女应无恙，当惊世界殊。

挑战高难度的诗词创作
——《水调歌头·游泳》赏析

　　我早就表达过这样一个观点：百年以来，西风东渐，新诗昌盛，旧体诗词逐渐式微，唯有毛泽东诗词一枝独秀，自然而然地杰出地完成了这样一种以古典形式来表现 20 世纪中国革命性斗争和现代化进程的伟大实践。这真是一个不可思议的神奇现象，神就神在毛泽东本人未必有此想法，但在近 100 年中，在这件事情上，毛泽东是做得最好的。虽然我们也知道，在这条路上戴着镣铐的优秀舞者不乏其人。从鲁迅、郁达夫、郭沫若、柳亚子、陈寅恪，一直到钱锺书、钱仲联、聂绀弩、流沙河，等等，也是代有才人，佳作连篇。但是，在我看来，用旧体诗写新生活，最难把握或拿捏的就是旧与新的关系，稍有差池就容易走偏。或如陈寅恪、钱锺书，学问大，根底深，博闻强记，极擅用典，但读来读去，总觉得与新生活、与人间烟火气还隔了一点距离，离普通群众还远了一点，太过高冷，太过古雅，直似明清进士之手笔。而一度广受称赞的聂绀弩的《散宜生诗》，以与时俱进地反映时代生活，即"文化大革命"牛棚生活著称，但凡种地、养猪、淘粪、搓绳，无有不可入诗者，并以其题材的鲜活、接地气，和诗人的洒脱、幽默、睿智博得人们青睐。但读来读去，又总觉得还是少了点雅气、大气和霸气。当然，我之所以读出这种心得，确实是有一个潜在的参照，那就是毛泽东诗词。毛泽东诗词之所以高出他同时代人的诗词一筹，首先就在于他有一个明确的创作理念或目标，那就是：中国气派，民族风格，老百姓喜闻乐见。他是这样倡导的，也是如此率先垂范和身体力行的，而且大部分时才饮长沙水，又食武昌鱼。万里长江横渡，极目楚天舒。不管风吹浪打，胜似闲庭信步，今日得宽余。子在川上曰：逝者如斯夫！

风樯动，龟蛇静，起宏图。一桥飞架南北，天堑变通途。更立西江石壁，截断巫山云雨，高峡出平湖。神女应无恙，当惊世界殊。

敬录毛泽东《水调歌头·游泳》岁次壬寅 朱向前书

毛泽东《水调歌头·游泳》 朱向前书

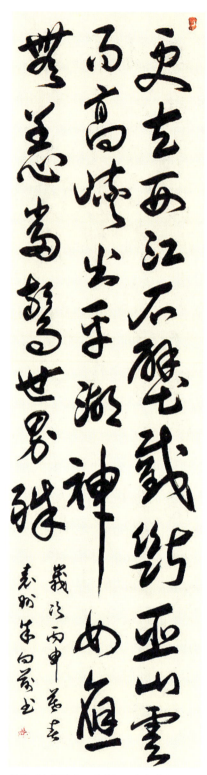

节录《水调歌头·游泳》　朱向前书

间都做到了完美。在他去世前半个世纪和他去世后近半个世纪的近百年中，他的诗词经久不衰、脍炙人口乃至深入人心，已经雄辩地说明了一切。这是毛泽东诗词完成的一个高难度动作，此其一。

其二，我在约 30 年前就发表过一个观点并且至今坚持不渝，那就是以审美角度来看，简言之，越是自然的，越是原始的，便越是审美的，越是艺术的；反之，越是人工（包括工业化和科学化）的，便越是反审美的、非艺术的。源自中国农耕文明的天人合一、万物有灵，重感悟、师造化的传统审美经验，更加印证了这一点。比如中国古诗吟咏月亮（以及萤火、渔火、篝火等自然、半自然的光亮）何其多，而一俟电灯出现，李白也要掷笔长叹。再比如山川云天、花鸟鱼虫，无不是中国画的好题材，历代大师均可信手拈来，涉笔成趣，留下无数佳作。但面对火车、轮船、飞机、卫星，即便圣手如齐白石、张大千者，也只有视而不见，退避三舍。从这个意义上说，毛泽东即便作为一个诗人，也是 500 年不世出者。但是，即便如毛之大才，选取诗词题材也是有底线的。底线者有二：一是少作直白的表扬鼓吹（尽管他终生重视宣传舆论的作用，把笔杆子和枪杆子并称为"两杆子"）。即便进入了新中国，革命建设日新月异，但毛泽东诗笔之下仍甚少涉及此类物事，少有的几例，如《七律·到韶山》，歌颂劳作的乡亲们，用的也是"喜看稻菽千重浪，遍地英雄下夕烟"这样的农耕场景；再如《七律二首·送瘟神》，表达对消灭血吸虫的喜悦心情，吟出的却是"红雨随心翻作浪，青山着意化为桥""借问瘟君欲何往，纸船明烛照天烧"的浪漫想象；又如《水调歌头·重上井冈山》抒发旧地重游今胜昔的感慨，则画了一幅山水画："到处莺歌燕舞，更有潺潺流水，高路入云端。"总之，都坚守了一条底线：自然的、诗化的。二是基本不碰工业或科技题材。要说有一个例外，那就是这首《水调歌头·游泳》了。

现在言归正传。话说 1956 年，中国社会主义建设进入了突飞猛进的新局面。1956 年，毛泽东视察南方，又视察了 1954 年中央人民政府决定修建的武汉长江大桥的施工现场。5 月 31 日、6 月 2 日、6 月 3 日，毛泽东在武汉三次畅游长江后写下了此词。词的上阕描绘了祖国江山雄伟瑰丽的图景，抒发了诗人畅游长江的豪情逸兴。起句"才饮长沙水，又食武昌鱼"，诗人将两句古童谣信手拈来，改造用之，对仗工稳，既表明了诗人的行踪，也说明了游泳的地点。这里的"才"和"又"，不仅体现了时间的连贯和空间的转换，也传达出作者视察各地的兴奋而又轻快的心情。接着以雄健的笔势，转写游泳，"万里长江横渡，极目楚天舒"，这是描写游泳的特定环境，更是一种心态的呈现——"舒"，是视野舒展、江天辽阔，也是心情舒畅、身体舒坦。万里江天，上下映衬，横渡纵目，情景交融。再三句，直抒游泳时的强烈感受——"不管风吹浪打，胜似闲庭信步"，毛式名句又来了，藐视一切艰难险阻，履险如夷，而且还要着重强调一下心里的自由与爽快："今日得宽余。"真是"偷得浮生半日闲"，不亦快哉！"今日得宽余"是上阕的感情基调，正是在这样的基础上，毛泽东引出了上阕的结句："子在川上曰：逝者如斯夫！"这里直接引入《论语》成句，把中流搏击风浪同社会发展的普遍规律联系起来，既有对时光流逝的慨叹，又有对峥嵘岁月的怀念；既有对生命的感悟，又有对人生的思索。

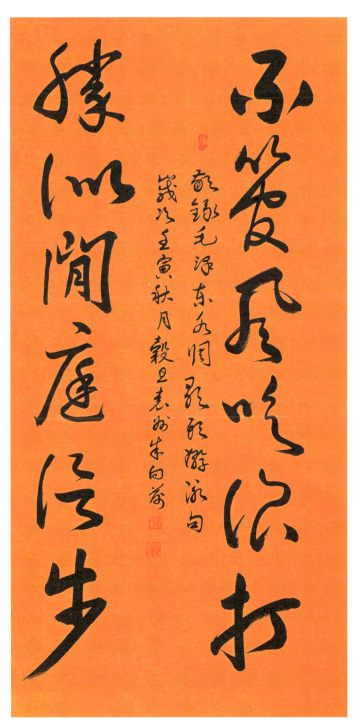

《不管胜似联》　朱向前书

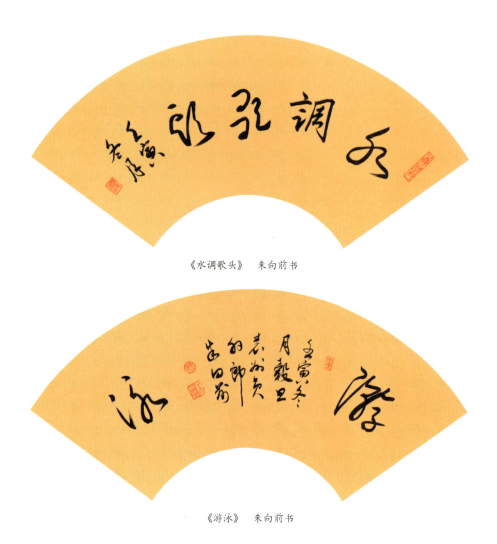

《水调歌头》 朱向前书

《游泳》 朱向前书

　　在国家形势和诗人心情双重大好的背景下，又刚刚视察了当时中国历史上最雄伟的钢铁大桥，诗人终于憋不住了，要就这个现代工业和科学的奇观一试手笔了："风樯动，龟蛇静，起宏图。"以"风"字起，紧承上阕意脉，瞩目两岸景色，一"动"一"静"，相映成趣。一"起"则耸然挺拔，发起新意。"风樯动，龟蛇静"，先就眼前最突出的大桥建设展开，写正在付诸实施的部分宏图。什么宏图呢？"一桥飞架南北，天堑变通途。"不仅写出了大桥兴建的飞快速度和即将呈现的大桥凌空的雄伟形象，而且写出了一桥贯通大江南北的历史意义。这是这首词的亮点，也可以说是词眼，它正面"强攻"了一个现代工业的庞然大物，它没有"小桥流水人家"的小巧，也没有"二十四桥明月夜"的风雅，但它的庞大、雄伟和交通用途，是中国历史上前所未有的。但且慢，实用和审美常常是相悖的，即愈是科学的愈是非诗意的。这一句虽然在类似场景中被引用频率甚高，但借用诗人常常自谦的一句话来说，"诗意无多"。他可能因此还有点忐忑，觉得未必妥帖，推敲不定，以至于出现了一个不多见的情况——作品首次发表时，明明是"一桥飞架南北，天堑变通途"，可作者不久后又亲自改为"一桥飞架，南北天堑变通途"。后经多人建议，又同意恢复原貌。实话实说，两种写法都合律，而且无甚差别，可以说难分轩轾。出现这种情况，只能说诗人被一个非审美对象难住了。虽然说整首词不错，上阕写游泳和游泳时的心情与感慨，浑然天成，毫无滞碍；下阕写风物以及对风物的赞颂和对未来的畅想，南京长江大桥这个钢铁的大家伙让诗人颇费斟酌，至于畅想——畅想更好办："更立西江石壁，截断巫山云雨，高峡出平湖。神女应无恙，当惊世界殊。"把它想象化、浪漫化、神话化就可以啦！《水调歌头·游泳》挑战了一下以高难度的钢铁大桥为题材，创作过程恐怕有点小小的"不爽"，或者说颇费踌躇。从此以后，不管是原子弹、氢弹爆炸，还是万吨巨轮、核潜艇下水，或者"东方红"卫星遨游太空……其中哪一样的时代分量与历史意义都远超武汉长江大桥，但是，毛泽东再也未置一词。

蝶恋花·答李淑一

毛泽东《蝶恋花·答李淑一》词意图　傅抱石作

蝶恋花·答李淑一 （1957 年 5 月 11 日）

我失骄杨君失柳，杨柳轻飏直上重霄九。问讯吴刚何所有，吴刚捧出桂花酒。　　寂寞嫦娥舒广袖，万里长空且为忠魂舞。忽报人间曾伏虎，泪飞顿作倾盆雨。

革命浪漫主义的典范之作
——《蝶恋花·答李淑一》赏析

　　李淑一是杨开慧的同学和好友，她与丈夫柳直荀是经杨开慧介绍认识的。柳直荀参加革命，离家数载，牺牲近一年后李淑一才知道消息。李淑一孤寂多年，心里的痛苦可想而知。中华人民共和国成立后，李淑一在湖南长沙第十中学教书，和毛泽东取得了联系。1957 年 2 月，她在给毛泽东的一封书信中附上了自己 1933 年作的一首《菩萨蛮·惊梦》："兰闺索寞翻身早，夜来触动离愁了？底事太难堪，惊侬晓梦残。　　征人何处觅？六载无消息。醒忆别伊时，满衫清泪滋。"并且请求毛泽东把当年写给开慧的《虞美人·枕上》手书赠她。李淑一这首《菩萨蛮》写得温婉动人，无限悲愁。有着同样情结的毛泽东看完了当然很受感动，也被勾起了心中无限的感慨，但是《虞美人·枕上》毛泽东已经不好意思再拿出来了。因为这首词温柔缠绵，极类柳永，跟毛泽东作品的主流风格大相径庭，且不符合毛泽东一贯的文学艺术观。所以，他对《虞美人·枕上》的态度有点矛盾，珍而视之却羞于出手，这也是很正常的心态。虽然后来毛泽东也曾把《虞美人·枕上》手抄送给过身边的工作人员，但在当时毛泽东的回信中却明确表示："大作读毕，感慨系之。开慧所述那一首（指《虞美人·枕上》）不好，不要写了罢。有《游仙》一首为赠。这种游仙，作者自己不在内，别于古之游仙诗。但词里有之，如咏七夕之类。"接着就把这首《蝶恋花·答李淑一》送给了李淑一。

　　上阕"我失骄杨君失柳，杨柳轻飏直上重霄九""杨"指毛泽

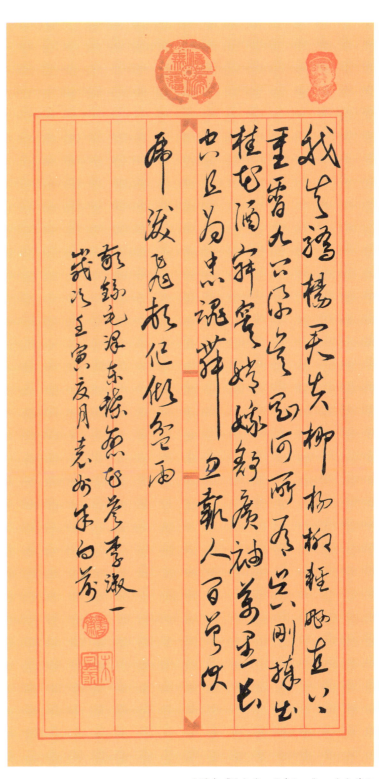

我失骄杨君失柳，杨柳轻飏直上重霄九。问讯吴刚何所有，吴刚捧出桂花酒。寂寞嫦娥舒广袖，万里长空且为忠魂舞。忽报人间曾伏虎，泪飞顿作倾盆雨

敬录毛泽东答李淑一词於壬寅夏月志兴朱向前

毛泽东《蝶恋花·答李淑一》　朱向前书

201

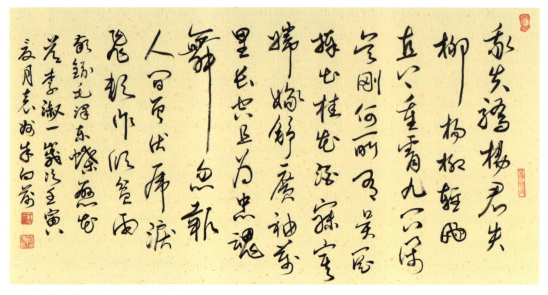

毛泽东《蝶恋花·答李淑一》 朱向前书

东的妻子杨开慧；"柳"指李淑一的丈夫柳直荀，1932 年 9 月他在湖北洪湖革命根据地被害。毛泽东和李淑一两人的爱人都在革命斗争中牺牲了。章士钊曾问"骄杨"二字作何解，毛泽东答曰："女子革命而丧其元（头），焉得不骄？"此时此景此情，毛泽东通过异乎寻常的奇绝想象，用杨、柳二人的姓氏比喻杨花和柳絮，更进一步想象杨、柳二人的忠魂像杨花和柳絮一样飘到了天上——"问讯吴刚何所有，吴刚捧出桂花酒"。何等奇绝浪漫啊！

下阕更加浪漫而感人："寂寞嫦娥舒广袖，万里长空且为忠魂舞。忽报人间曾伏虎,泪飞顿作倾盆雨。"嫦娥是幽居在月亮里的仙女,《淮南子·览冥训》中说，嫦娥是后羿的妻子，因为偷吃了后羿从西王母那里求到的长生不死药而飞入月中。至于嫦娥为什么会"寂寞"，李商隐的七绝《嫦娥》中有"嫦娥应悔偷灵药,碧海青天夜夜心"之句，意思是嫦娥成了仙人得以永生，却要永远承受寂寞的苦楚，所以李商隐说她应该后悔自己当年偷吃了不死灵药。而毛泽东借用了前人的想象，"万里长空且为忠魂舞"，显得凄清而优美，同时又有一些雄浑大气的感觉。美丽绝伦的嫦娥仙女也为烈士忠魂感动，挥动巨大的裙袖，在万里长空中翩然起舞。杨、柳二位烈士忽然听闻捷报，反动派被打垮了，热泪滚滚而出，落到人间，就变成了瓢泼大雨……情感动人，时空开阔，画面妙曼，想象无羁，既婉约又豪放，既雄强又凄美，就这样，把一首游仙词写成了一首婉约而又豪放的千古别调！

说到杨开慧，从毛泽东的早期词《虞美人·枕上》和《贺新郎·别友》中就能够看出毛泽东和她的感情，真是一片赤诚。毛泽东听到开慧牺牲的噩耗后，给杨开慧家人写信表示"开慧之死，百身莫赎"。毛泽东与开慧是真正的自由恋爱，两人有共同的理想和追求，且是贫贱夫妻，相濡以沫，琴瑟和谐。更难能可贵的是，开慧对毛泽东无比忠贞，宁死也不愿意和毛泽东脱离夫妻关系，毛泽东也有真性情，一提到开慧，就难免悲痛异常。这可以算是毛泽东为杨开慧写的第三首词，再加上半首诗《七律·答友人》（其中有"斑竹一枝千滴泪，红霞万朵百重衣"之句，作者自注：霞即指霞姑——杨开慧）。杨开慧是唯一一个让毛泽东为之写了三首半诗词的人。

毛泽东自称这是一首游仙词，也是毛泽东平生写的唯一一首游仙词。作者想象出一个多姿多彩而又充满了浪漫主义色彩的神仙世界。整首词的格调美好而又悲壮，凄凉而又高蹈，是毛泽东为数不多的充满了矛盾的感情色彩而又温柔缠绵的诗词作品，可以说是毛

《蝶恋花》 朱向前书

《答李淑一》 朱向前书

泽东诗词婉约风格的代表作。吴刚和嫦娥是家喻户晓的神话人物，但是毛泽东通过大胆的想象和瑰丽的叙述，古为今用，推陈出新，赋予神话更丰富、更浪漫、更人性化也更"革命化"的内涵，是革命浪漫主义和革命现实主义以及革命乐观主义完美结合的典范之作。

七律二首·送瘟神

毛泽东《七律二首·送瘟神》诗意图　傅抱石作

七律二首·送瘟神 （1958 年 7 月 1 日）

其一

绿水青山枉自多，华佗无奈小虫何！

千村薜荔人遗矢，万户萧疏鬼唱歌。

坐地日行八万里，巡天遥看一千河。

牛郎欲问瘟神事，一样悲欢逐逝波。

其二

春风杨柳万千条，六亿神州尽舜尧。

红雨随心翻作浪，青山着意化为桥。

天连五岭银锄落，地动三河铁臂摇。

借问瘟君欲何往，纸船明烛照天烧。

两首七律，四个亮点
——《七律二首·送瘟神》赏析

这两首七律是毛泽东在 1958 年 6 月 30 日的《人民日报》上读到江西省余江县（今鹰潭市余江区）消灭了血吸虫的消息后写下的。因为毛泽东曾不无自谦地称其为"招贴画"式的"宣传诗"，故而容易被一些人忽略，又容易被另一些人所讥诮，什么"大跃进"民歌体呀，什么浮夸不实呀，如此等等。所以，对《七律二首·送瘟神》进行客观、全面的研判、分析，颇为必要。本文即跳出文本，从创作背景、动机、过程、目的、方法诸元素考察，提出该诗的四个亮点，供大家参考。

一、践行自己诗歌理念的创新之作。

在此前不久——1958 年 5 月的成都经济工作会议上，毛泽东非常罕见地从民歌问题讲到中国诗歌发展的出路问题，指出："中国新诗的出路，第一条是民歌，第二条是古典，在这个基础上，两者结合产生出新诗来，形式是民族的，内容应当是现实主义与浪漫主义的对立统一。"

显然，这些与经济工作毫不沾边的旁逸斜出，并非毛泽东的心血来潮，而是他深思熟虑的结果，是他在此一年多前与《诗刊》的主编们纵论新诗发展意见的进一步的理论升华。其中明确谈到了浪漫主义与现实主义的结合。

刚刚过去一个多月，余江县消灭血吸虫的捷报触动了诗人的创作激情与灵感。不能说是理念先行，但潜在的影响或引领是不可避免的——能否尝试革命现实主义和革命浪漫主义的结合呢？它是写

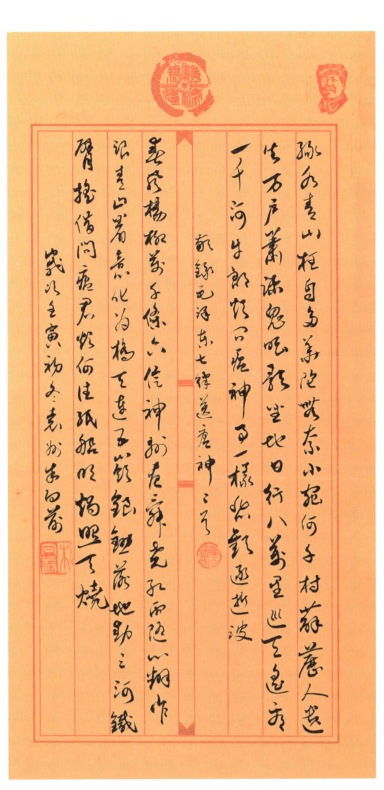

《七律二首·送瘟神》 朱向前书

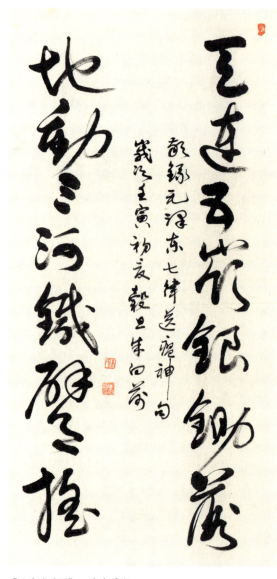

《天连地动联》 朱向前书

实的，是专为消灭血吸虫病做宣传的，但由于诗中巧用借喻（以"华佗"代医生，以牛郎代关心血吸虫的人等）、比喻（用"瘟神"代指血吸虫病等）、对比、照应等艺术手法，又特别巧将"坐地日行八万里"这样的自然、天文、地理知识哲理化入诗，从而让人间天上融为一体，把很难表达的事件和主题写得手法浪漫、想象奇谲、色彩绚丽、诗意盎然，令人读后回味无穷，成为毛泽东所谓的"宣传诗"中的绝唱。

二、毛诗中罕见的联章体。

所谓"联章体"，是指两首以上的诗歌，内容相对独立，但又相互联系的一种文体。它们或相辅相成，或相反相承，或相连相继，表达一个完整统一的主题。换成今天更通俗的说法就是"组诗"，要用一首以上的作品来表达的题材或者主题，往往格外为诗人所重视者。事实上，在毛泽东将近80年的创作生涯和近百首诗词中，"联章体"也只出现过三次半。

1.写于1934—1935年的《十六字令三首·山》。为了把红军在长征中翻越崇山峻岭的强烈感受表达出来，毛泽东在马背上反复思索、推敲、吟诵，真可谓"三首两年得"，48字来之不易！《十六字令》这个最小的小令，不但字少，而且对韵脚要求极严，长短相杂，一、二、四句都要押韵。更难的是这短短16个字，还要表达完整的意象。三首词分别描写了山之高、雄、险的不同侧面，借写山之奇绝风貌，写出了红军的无畏精神。把这2200个词牌中最短的小令，一不留神就写成了"孤篇横绝"的大词。

2.写于1961年的《七绝二首·纪念鲁迅八十寿辰》。这个当然也很重要，如果说长征中的山是大自然之高峰，那么鲁迅就是毛泽东眼中的中国文化之高峰——毛泽东推崇鲁迅是"中国文化革命的主将""他的方向代表了新文化的方向"，甚至是"空前的民族英雄"。如此重要人物，也必须是两首。

3.接下来是半个联章——写于1965年的《水调歌头·重上井冈山》和《念奴娇·井冈山》，两首词在井冈山上于一周之内写就。毛泽东心中的天下第一山的重要位置，和"三十八年过去"了的无限感慨，也是非两首不能释怀。虽然不是"联章体"，但可谓姊妹篇——算半个吧。

4.再就是《七律二首·送瘟神》了。这两首诗内容相辅相成。从诗的意境看，一"悲"一"喜"，相互映照和对比。前一幅是人

《六亿春风联》 朱向前书

烟稀少、田园荒芜、悲凉萧索的画面，后一幅是春风杨柳、青山含笑、全民豪迈的动人景象。"欲问"和"借问"前后勾连，又使本诗类似上下片，紧紧融为一体。题材意义和前述三次孰轻孰重，难以比较，但至少在诗人心目中是等量齐观的吧——这也就称量出了它在毛诗中的特殊地位。

三、写作和发表速度的"双冠军"。

此诗于 1958 年 6 月 30 日夜到 7 月 1 日晨写成，一个晚上成诗二首，创下了毛诗写作速度之最。1935 年 10 月，毛泽东一个月中写下《七律·长征》《六言诗·给彭德怀同志》《念奴娇·昆仑》《清平乐·六盘山》四首，是一个记录，这里一夜两首，更是一个新记录。

而且，毛泽东当日就给他的秘书胡乔木写信，要他同《人民日报》文艺组同志商量，是否可在 7 月 2 日或 3 日发表。毛泽东明确说，这样急于发表为的是"不使冷气"，可见他发表此作的急切心情。后来因故拖到当年 10 月 3 日才在《人民日报》上发表。就这样，此诗从写成到正式发表的时间也仅仅 3 个月 ，速度之快，在毛泽东诗词中也是绝无仅有的。

四、"说明"及"前言""后记"之多乃居毛诗之最。

毛泽东为此诗共写有四段文字，反复阐述了他的创作动机和目的。其中第二处是他在 1958 年 7 月 1 日诗写成后给胡乔木的信。全文如下：

乔木同志：

睡不着觉，写了两首宣传诗。为灭血吸虫而作。请你同《人民日报》文艺组同志商量一下，看可用否？如有修改，请告诉我。如可以用，请在明天或后天《人民日报》上发表，不使冷气。灭血吸虫是一场恶战。诗中坐地、巡天、红雨、三河之类，可能有些人看不懂，可以不要理他。过一会，或须作点解释。

毛泽东

七月一日

第三处也是同一天写的，是这首诗的《后记》，全文如下："六月三十日《人民日报》发表文章说：余江县基本消灭了血吸虫，十二省、市灭疫大有希望。我写了两首宣传诗，略等于近来的招贴画，聊为一臂之助。就血吸虫所毁灭我们的生命而言，远强于过去打过我们的任何一个或几个帝国主义。八国联军，抗日战争，就毁人一点来说，都不及血吸虫。除开历史上死掉的人以外，现在尚有一千万人患疫，一万万人受疫的威胁。是可忍，孰不可忍！然而今之华佗们在早几年大多信心不足，近一二年干劲渐高，因而有了希望。主要是党抓起来了，群众大规模发动起来了。党组织，科学家，人民群众，三者结合起来，瘟神就只好走路了。"

一首诗既有"前言"，又有"后记"，在毛诗中已不多见，诗作发表后又与诗友、同学周世钊通信讨论。厚爱至此，亦是罕见。

综上，四个亮点或四个维度的交织，突显了该诗在诗人心目中的特殊地位，这应引起毛泽东诗词研究者和爱好者们的重视。

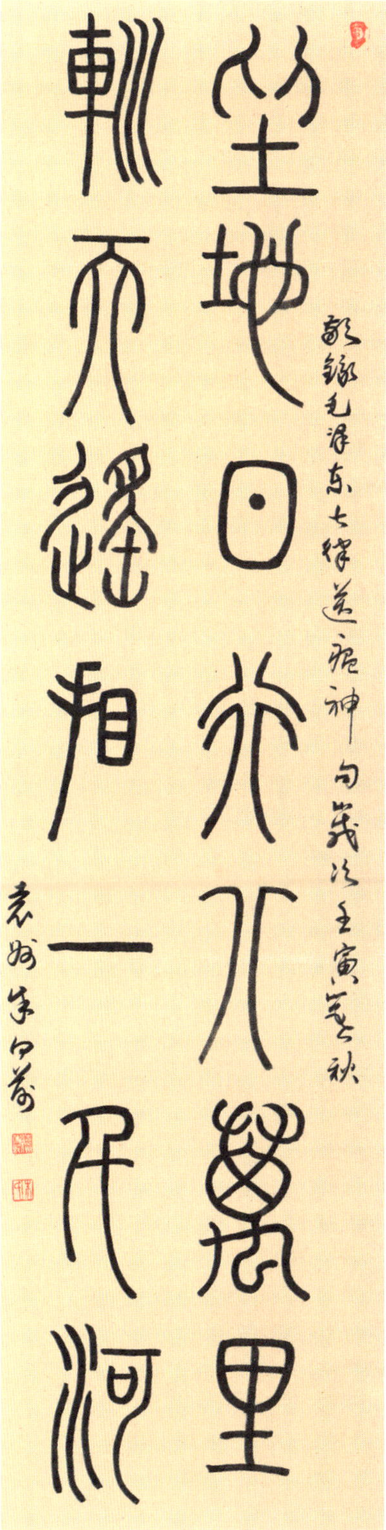

坐地日行八萬里

�巡天遙看一千河

敬录毛泽东七律送瘟神句 岁次壬寅孟秋

老骀宋白蕾

《坐地巡天联》 朱向前书

七律·到韶山

毛泽东《七律·到韶山》诗意图　傅抱石作

七律·到韶山 （1959年6月）

别梦依稀咒逝川，故园三十二年前。

红旗卷起农奴戟，黑手高悬霸主鞭。

为有牺牲多壮志，敢教日月换新天。

喜看稻菽千重浪，遍地英雄下夕烟。

毛泽东人民历史观的诗化表达

——《七律·到韶山》赏析

　　所谓"诗言志""功夫在诗外"，说的都是一种基本的创作规律，即不能为文造情，"为赋新词强说愁"。只有真正情动于中，才可能手之舞之，足之蹈之，言为心声，发为浩歌。此种现象在毛泽东诗词创作生涯中表现得极为充分，无真情实感绝不勉强，甚至一年两年都无一首诗。但是，凡有世事人生的大悲喜、大转折、大跌宕、大冲击，必定狂飙从天落，笔底起风雷。或者一月四首（如1935年10月作于长征途中的《七律·长征》《六言诗·给彭德怀同志》《念奴娇·昆仑》《清平乐·六盘山》），甚至一天两首，如1958年7月1日的《七律二首·送瘟神》，如《七律二首·送瘟神》的序言所云："读六月三十日《人民日报》，余江县消灭了血吸虫。浮想联翩，夜不能寐。微风拂煦，旭日临窗。遥望南天，欣然命笔。"其粲然心情可见一斑。纵观毛泽东83年的人生，其诗词创作平均一年不足一首，只能算低产诗人，而一天两首仅此一例；以几天（一周左右）一首的频率保持数周的情况除了1935年10月的四首之外，就是1959年6月25日的《七律·到韶山》和7月1日的《七律·登庐山》，以及1965年5月下旬的《水调歌头·重上井冈山》和《念奴娇·井冈山》。

　　花开两朵，各表一枝。这里只说《七律·到韶山》。1936年，毛泽东在延安窑洞接受美国记者斯诺采访时，首先一字一顿郑重声明："我于1893年生于湖南湘潭县的韶山冲。"自报家门，饮水思源，不忘初心，表明了他对故乡深刻认同的深厚感情，韶山的风俗

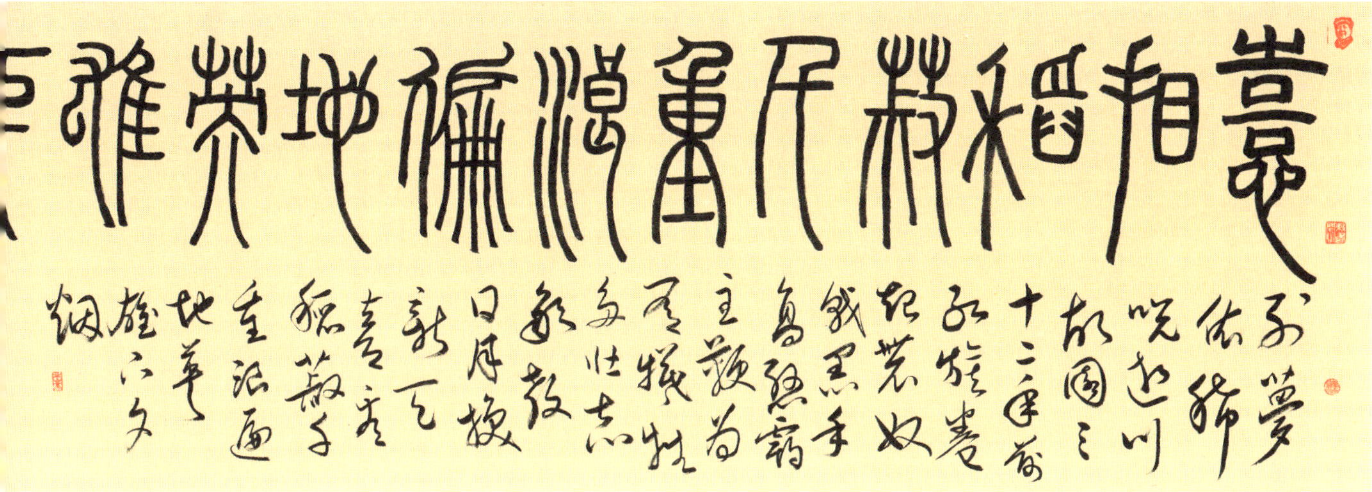

毛泽东《七律·到韶山》 朱向前书

民情和中国传统文化都早已化作一草一木、一山一水，映入他的脑
海，进入他的骨髓，像浓浓的乡音和吃辣椒、红烧肉的嗜好一样，
终生不可改变。生于斯，长于斯，热爱于斯，深情于斯。尽管韶山
是一个小小山冲，此前名不见经传，但毛泽东从不嫌其狭小、偏远，
反而终生眷恋。他是中国人民的儿子，但首先是韶山人民的儿子。
早在1916年，毛泽东就以散文诗一般的语言描绘了他眼中、心中的
故乡："一路景色，弥望青碧，池水清涟，田苗秀蔚，日隐烟斜之际，
清露下洒，暖气上蒸，岚采舒发，云霞掩映，极目遐迩，有如图画。"

中华人民共和国甫一成立，毛泽东思乡心切却又分身乏术，于
1950年年初就委派爱子毛岸英回家省亲，实际上是要他代毛泽东去

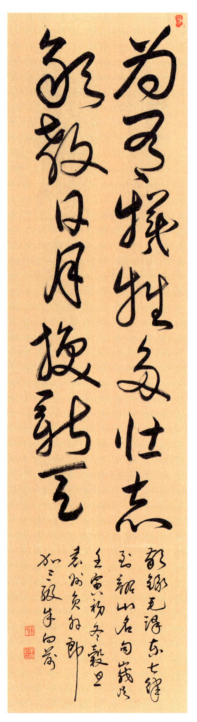

节录毛泽东《七律·到韶山》　朱向前书

向韶山的家乡父老请安问好，报喜奏捷：自 1927 年，我毛泽东离妻别子，背井离乡，义无反顾走进中国革命的弥天烽火之中，22 年少通音讯，但故园桑梓之思，丧妻失亲之痛，常在念中，现在中华人民共和国成立了，韶山人民和无数先烈的理想实现了，先让岸英代为看望，日后有暇定当亲自返乡……

正当中华人民共和国成立一周年后，全国掀起了抗美援朝运动热潮的时候，为了响应毛泽东的伟大号召，韶山人民勒紧裤带捐献了一架"毛泽东故乡号"飞机，同时一批韶山男儿奔赴战场，至 1953 年，共有包括毛岸英在内的 51 名韶山人民的优秀儿女献出了宝贵的生命。真是旧情未了，又添新愁。时间一晃，又过了近 10 年。1959 年 6 月 25 日，韶山人民的伟大儿子毛泽东终于回来了！韶山沸腾了，全韶山冲的乡亲们都团团围住毛泽东不忍离开，这一天成了韶山自古以来最盛大的节日！当夜深人去之后，毛泽东感慨万千，心潮难平，一夜吟成此作。序言极为平实："一九五九年六月二十五日到韶山。离别这个地方已有三十二周年了。"感觉得到，诗人在此极力控制自己的情绪，但这是狂飙突进的前奏、风暴席卷的酝酿。"别梦依稀咒逝川，故园三十二年前。"毛泽东诗稿首句最初是"别梦依稀哭逝川"，有一说是采纳了诗友的建议，改"哭"为"咒"，并据此笑称诗友为自己的"半字之师"。从"哭"到"咒"，半字之别，却大有深意藏焉，字义相去甚远，但都有点平地起风雷的意思。不管是"哭"还是"咒"，都是语出惊人，遣词激烈。试想，自从 1927 年毛泽东离别韶山，弃文从武，率领秋收起义队伍走上了武装斗争道路，一去 32 年了！ 32 年，"弹指一挥间"，中国革命却发生了翻天覆地的历史巨变，它极易引发孔夫子式的喟叹："子在川上曰：'逝者如斯夫'！"或引发李白式的感慨："夫天地者，万物之逆旅；光阴者，百代之过客。"但又比它们更强烈、更集中、更具体，不用"哭"或"咒"就不足以表达。哭什么咒什么呢？不仅仅是白驹过隙、逝水长东、别梦依稀，更有这 32 年间的奋斗和付出啊！一个"开慧之死"就让毛泽东痛悔"百身莫赎"，还有毛氏一门的 5 位亲人，还有韶山乡亲无数的奉献牺牲。"红旗卷起农奴戟，黑手高悬霸主鞭。""别梦依稀"中反复闪现最多的恐怕还是 32 年前的历史风云，诗人在此明确注释："'霸主'指蒋介石。"正是因为蒋介石背叛革命，屠杀共产党人和工农群众，才逼迫共产党人奋起反抗，才逼迫毛泽东走出书斋，上山战斗。中国革命和毛泽东的人生道路由此改变。但是，辩证法无处不在，有压迫就有反抗，

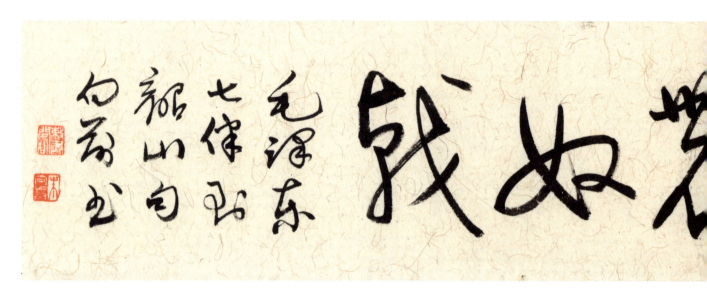

《红旗卷起农奴戟》　朱向前书

就有斗争；压迫愈深，反抗愈烈，敢于斗争，必然胜利。"为有牺牲多壮志，敢教日月换新天。"毛泽东式的名句喷薄而出，这是32年的历史回顾，也是中国革命的经验总结，更是毛泽东的人生感悟。最后，末句从历史回到现实，回到眼前："喜看稻菽千重浪，遍地英雄下夕烟。"夏日傍晚的热风吹过，稻浪翻卷中，夕阳炊烟里，挥汗如雨、辛勤劳动了一天的农民兄弟姐妹们正走在下工归家的路上，迎着晚霞，他们的脸上、头顶甚至全身，都焕发出一种英雄式的光芒。这是诗人时隔32年重回故里，抚今追昔，万千思绪汇成的一个赞美式的结论，这是对韶山人民的赞美，也是对全中国劳动人民和革命群众的赞美。同时，也是毛泽东人民历史观的诗化表达。

贰拾肆

七律·登庐山

毛泽东《七律·登庐山》诗意图　傅抱石作

七律·登庐山 （1959年7月1日）

一山飞峙大江边，跃上葱茏四百旋。

冷眼向洋看世界，热风吹雨洒江天。

云横九派浮黄鹤，浪下三吴起白烟。

陶令不知何处去，桃花源里可耕田？

从政治窠臼中一飞冲天的华彩诗篇
——《七律·登庐山》赏析

　　1959 年 6 月 27 日，毛泽东告别韶山，30 日就乘"江峡"轮和
刘少奇、周恩来、朱德等中央主要领导到了江西九江，次日一早便
乘车上了庐山。自 1958 年年底以来，"大跃进"、人民公社化运动
的负面效应开始显现，党内外、国内外的一些不同声音纷至沓来。
毛泽东接连召开了郑州会议、武昌会议；1959 年又继续召开了第二
次郑州会议、上海会议和八届七中全会，着力纠"左"，狠批"共
产风"和"浮夸风"，但效果不彰。在几天前刚写下的《七律·到
韶山》中，毛泽东汲取先烈的英雄主义和一往无前的斗争精神，发
出了"为有牺牲多壮志，敢教日月换新天"的黄钟大吕之音，为全
党号召，为全民鼓劲，在保持高昂、乐观的精神状态上，为大家做
出了表率。这也是毛泽东在一周内写下这两首格调昂扬之作的时代
与政治背景，从这个意义上说，这是姊妹篇，更应该连起来读。首
联："一山飞峙大江边，跃上葱茏四百旋。"一"飞"一"跃"之
间就写出了庐山突兀凌空的雄姿和登山者豪迈振奋的心情以及毛泽
东诗词特有的磅礴大气和奇谲诗思。特别是"一山飞峙"的雄伟气
魄，极易使人产生两个联想：一是 24 年前——1935 年 10 月，作者
在长征路上写下的《念奴娇·昆仑》，那种"横空出世，莽昆仑"
的开篇和倚天拔剑裁山的结句；二是 1958 年全国民歌运动中脱颖而
出的名句："喝令三山五岳开道，我来了！"而"跃上葱茏"句又
颇有《十六字令三首·山》中"快马加鞭未下鞍"的跃动感与速度感。
这都是毛泽东式的独特想象。颔联"冷眼向洋看世界"，就颇有点

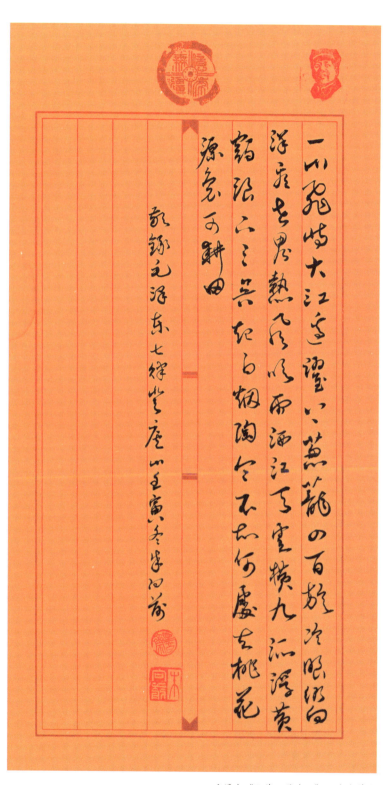

一山飞峙大江边，跃上葱茏四百旋。冷眼向洋看世界，热风吹雨洒江天。云横九派浮黄鹤，浪下三吴起白烟。陶令不知何处去，桃花源里可耕田

敬录毛泽东七律登庐山 壬寅春朱向前

毛泽东《七律·登庐山》　朱向前书

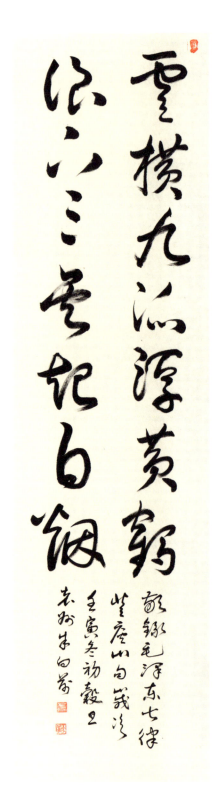

节录毛泽东《七律·登庐山》　朱向前书

鲁迅"横眉冷对千夫指"的意思，笔锋所指一目了然。颈联"云横九派浮黄鹤，浪下三吴起白烟"，和《七律·友人》中的"斑竹一枝千滴泪，红霞万朵百重衣"一样，是作者的得意之笔，它不仅描述了作者神游长江上下，西望武汉，彩云当空，黄鹤翱翔；东眺三吴，波浪滚滚，烟绕霞蒸的壮美画面，而且"云""九派""黄鹤"对"浪""三吴""白烟""横""浮"对"下""起"，真是名词、量词、动词和色彩两两相对，极为工仗、典丽，又有连环的动感，虚实相间，成了一副大气磅礴、想象浪漫、文辞华美的妙联，使全诗从政治窠臼中一飞冲天，浑然天成。而且，我们还能从中读出一点作者喜爱的大诗人李白的名句"黄云万里动风色，白波九道流雪山"的神韵。难怪作者在 9 月 7 日给胡乔木的信中还专门谈到自己对这两句比较满意。最后两句："陶令不知何处去，桃花源里可耕田？"原稿是：

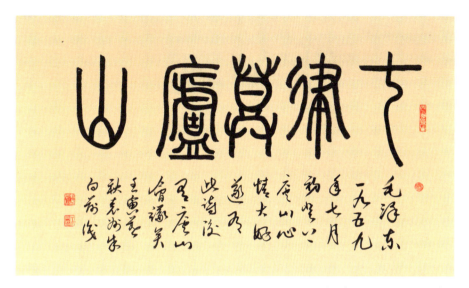

《七律·登庐山》 朱向前书

"陶潜不受元嘉禄，只为当年不向前。"后采纳了郭沫若等人的意见才修改成定稿。显然，这一改，又从政治语境中脱出，巧用了"桃花源"这样一个人类理想的乌托邦社会来隐喻现实，桃花源好是好，但是有没有这样的桃花源呢？我们能否一厢情愿地遁入桃花源里男耕女织，或者用鲁迅的话说，揪着自己的头发离开地球呢？全诗以一个疑问收束，耐人寻味而又意味深长。

贰拾伍

七律·答友人

毛泽东《七律·答友人》诗意图　傅抱石作

七律·答友人 （1961年）

九嶷山上白云飞，帝子乘风下翠微。

斑竹一枝千滴泪，红霞万朵百重衣。

洞庭波涌连天雪，长岛人歌动地诗。

我欲因之梦寥廓，芙蓉国里尽朝晖。

光昌流丽之最

——《七律·答友人》赏析

本诗作于 1961 年，是新中国成立以后毛泽东在心情比较轻松和愉悦的时期写下的诗作之一。据说这是写给他青年时代的同学兼老友周世钊的，兼寄李达、乐天宇，毛泽东手迹原题为"答周世钊同学"，后改为"答友人"。

娥皇、女英与舜帝的爱情故事很有神话色彩，被我国历代文人反复借用，"斑竹"也就象征了对爱情的忠贞不渝。刘禹锡《潇湘神》中就有"斑竹枝，斑竹枝，泪痕点点寄相思"之句。"洞庭波涌连天雪"说的是八百里洞庭波澜壮阔，好似连天大雪。"洞庭波"，取自《九歌·湘夫人》"洞庭波兮木叶下"。韩愈《八月十五夜赠张功曹》中有"洞庭连天儿疑高"之句。"长岛"即水陆洲，也叫"橘子洲"，长沙因此得名，就像汉口因在汉水之口而得名一样。〔参照《对〈毛泽东诗词〉中若干词句的解释》（1964 年 1 月 27 日）〕"长岛人"指的是毛泽东自己和周世钊、李达、乐天宇这几个湖南老乡。"我欲因之梦寥廓"借自李白《梦游天姥吟留别》"我欲因之梦吴越，一夜飞度镜湖月"。

值得一说的是，"斑竹一枝千滴泪，红霞万朵百重衣"这一联，"霞"暗指杨开慧。杨开慧又名霞、霞姑，字云锦。毛泽东说"红霞"是指"帝子"的衣服，并进一步解释说："'斑竹一枝千滴泪，红霞万朵百重衣'就是怀念开慧的，开慧就是霞姑嘛！可是现在有的解释不是这样，不符合我的思想。"从毛泽东的这一段文字，足可以看出毛泽东对杨开慧的感情之深，即便在对仗要求精严的律诗中也要把杨开慧的

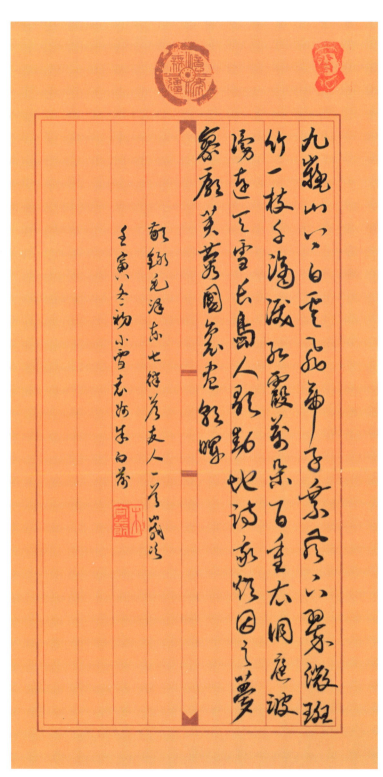

九嶷山上白云飞，帝子乘风下翠微。斑
竹一枝千滴泪，红霞万朵百重衣。洞庭波
涌连天雪，长岛人歌动地诗。我欲因之梦
寥廓，芙蓉国里尽朝晖。

敬录毛泽东七律答友人一首 藏珠
壬寅冬初小雪朱向前书

《七律·答友人》　朱向前书

241

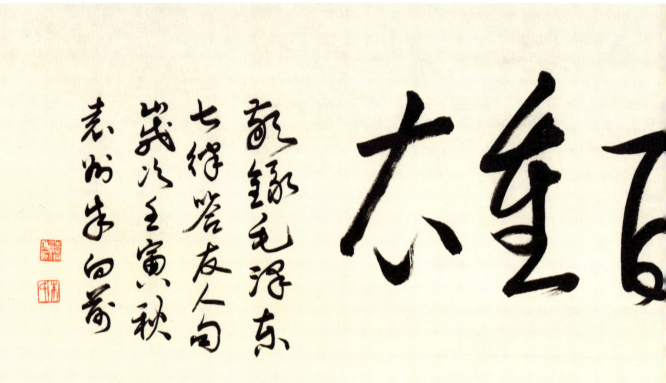

《红霞万朵百重衣》 朱向前书

红霞满苏峰

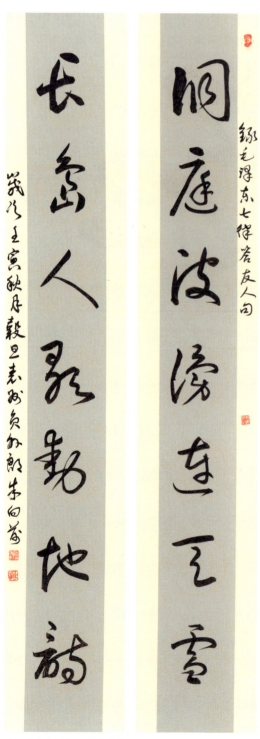

《洞庭长岛联》　朱向前书

名字锲进去。连起上下句来看，毛泽东发挥浪漫的想象，用湘妃来比喻杨开慧，凤冠霞帔的仙女在红云之中飘出千滴眼泪，这个意象多么优美感人！

总之，这首诗写的是对老家湖南的怀恋、赞美和祝愿，以及对爱人杨开慧无比深切的思念，诚如毛泽东所言："人对自己的童年，自己的故乡，过去的朋侣，感情总是很深的，很难忘记的，到老年就更容易回忆、怀念这些。"他那时已经是一个68岁的老人了，年龄越大，感情越深沉、真切和沉默。毛泽东在1961年12月26日致周世钊的信里，引用了古诗"秋风万里芙蓉国，暮雨千家薜荔村"和古联"西南云气开衡岳，日夜江声下洞庭"这样描绘家乡的文字，并颇动感情、流露羡慕地说："同志，你处在这样的环境中，岂不妙哉？"对家乡的思念之情和自豪感扑面而来，令人感动。

湖南古属楚国，风景优美，气候宜人，诡谲华美的楚文化孕育出丰富的人文和历史景观。谈到家乡，熟读历史和文学的毛泽东，当然有很多话可说。这首诗是毛泽东诗词中文辞很华丽、用典故较多的一首。对于读者来说，要完全掌握毛泽东写作时的动机，或者读懂作者与前人的审美经验之间微妙的灵犀一闪都是不太容易的。但是，这并不妨碍我们感受和领略毛泽东那光昌流丽的情思、曼妙的想象和绚丽的构图。这首诗的艺术境界很高，堪称妙品，是毛泽东后期作品里的佳作之一。

贰拾陆

卜算子·咏梅

梅花　傅抱石作

卜算子·咏梅 （1961 年 12 月）

风雨送春归，飞雪迎春到。已是悬崖百丈冰，犹有花枝俏。

俏也不争春，只把春来报。待到山花烂漫时，她在丛中笑。

活泼俏丽第一词
——《卜算子·咏梅》赏析

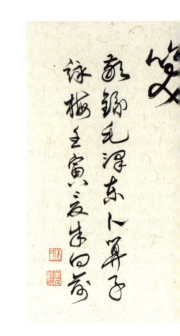

这首词是毛泽东 68 岁时的作品。毛泽东在题目下写下"读陆游咏梅词，反其意而用之"。陆游的原词《卜算子·咏梅》曰："驿外断桥边，寂寞开无主。已是黄昏独自愁，更著风和雨。 无意苦争春，一任群芳妒。零落成泥碾作尘，只有香如故。"陆游的这首词无疑也是好词，他以梅花自比，充分赞美了一树寒梅卓尔不群的美好形象，但是同时也流露出了颓丧消沉、古调独弹、孤芳自赏，甚至有些哀怨的心境。毛泽东在读完陆游《卜算子·咏梅》之后作注："作者北伐主张失败，皇帝不信任他，卖国分子打击他，自己陷于孤立，感到苍凉寂寞，因作此词。"

毛泽东向来非常喜爱陆游的作品，但是并不赞赏该词流露出的那种消极的气氛。同时，毛泽东也喜欢梅花，为了创作一首梅花词，他让秘书田家英帮他搜集古典诗词中的咏梅佳作。1961 年 11 月 6 日这一天就有 3 封给田家英的信：

1."请找宋人林逋（和靖）的诗文集给我为盼，如能在本日下午找到，则更好。"

2."有一首七言律诗，其中两句是：雪满山中高士卧，月明林下美人来，是咏梅的，请找出全诗八句给我，能于今日下午交来则最好。何时何人写的，记不起来，似是林逋的，但查林集没有，请你再查一下。"

3."又记起来，是否清人高士奇的。前四句是：琼枝只合在瑶台，谁向江南到处栽。雪满山中高士卧，月明林下美人来。下四句忘了。

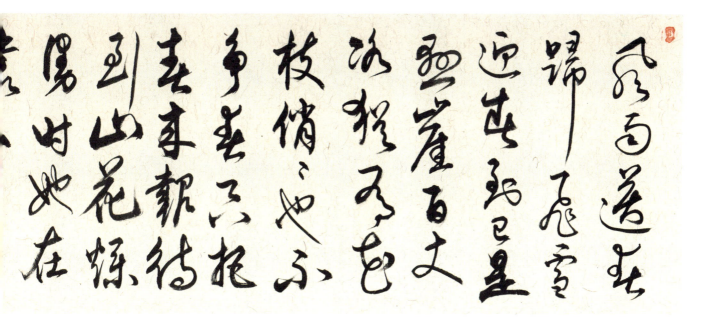

毛泽东《卜算子·咏梅》 朱向前书

请问一下文史馆老先生，便知。"

　　一天之内，三次给秘书写信，只为找到一首诗的出处和作者，这种执着的打破砂锅问到底的认真精神实在让人吃惊，但同样或者更加让人吃惊的是人，三张便条的信息透露出毛泽东的海量阅读和惊人的记忆力。（田家英后来查到，那首《梅花》是明初诗人高启创作的。）同时，我们还可以看到，毛泽东让田家英帮他搜罗前人咏梅佳作的时间，正好是创作这首《卜算子·咏梅》的前一个月左右。毛泽东是不是在为写作咏梅诗词做案头准备，想要从前人的佳作里汲取灵感呢？古人咏梅名篇佳作备矣，要想另辟蹊径，难矣哉。但是，

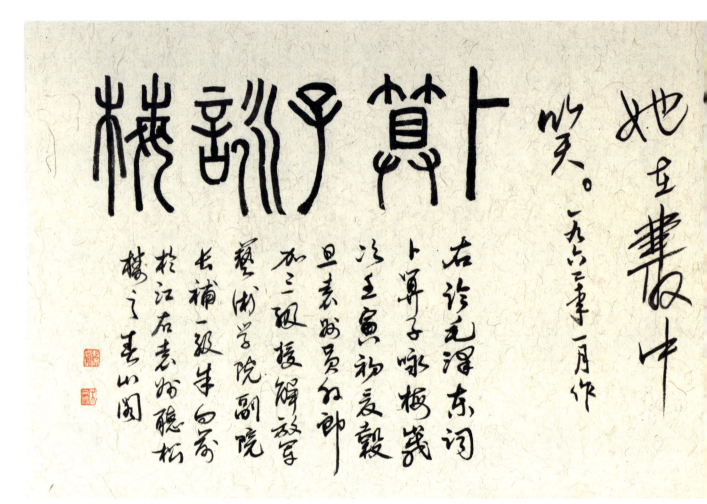

临毛泽东书《卜算子·咏梅》 朱向前

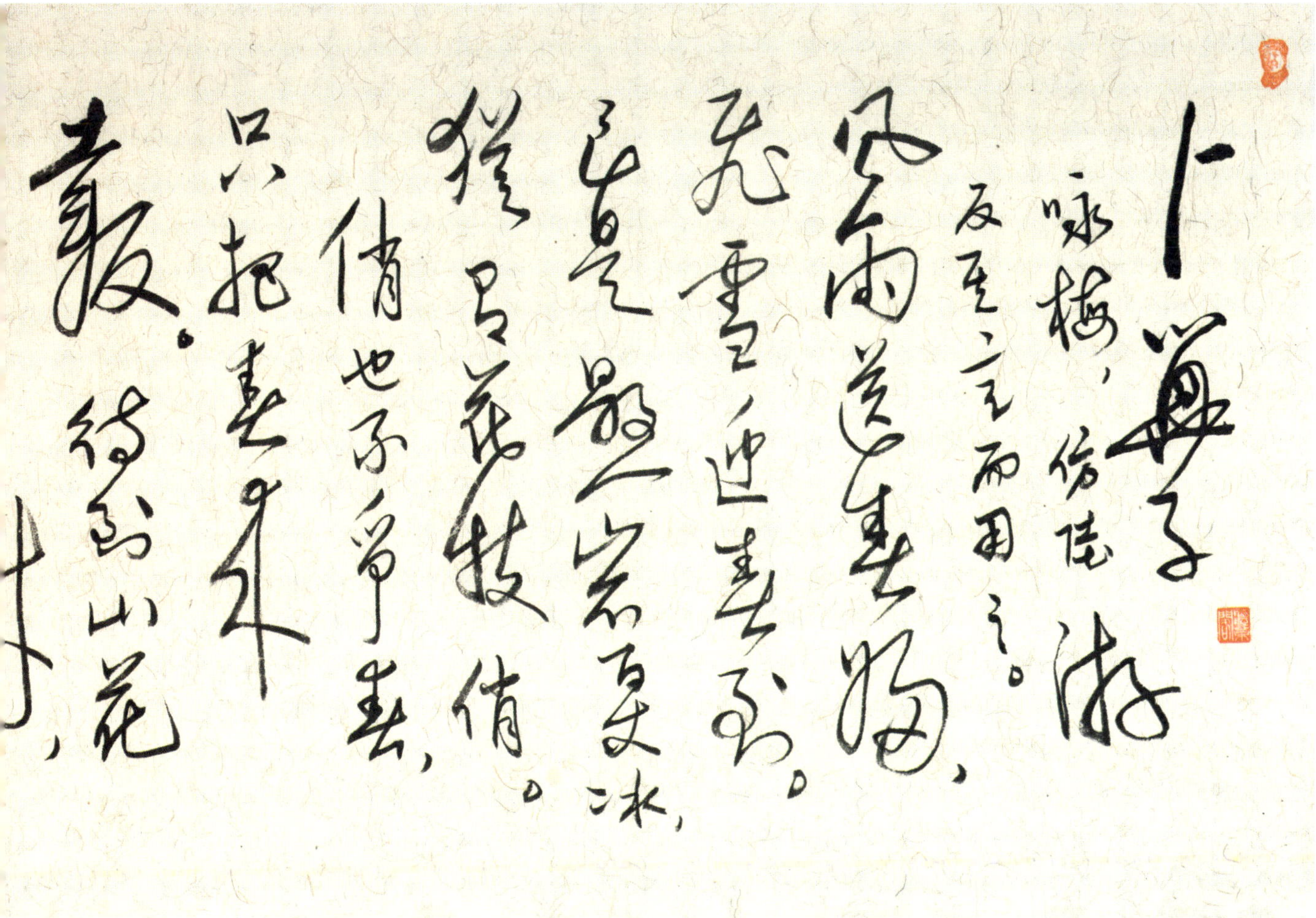

卜算子

咏梅，仿陆游

反其意而用之。

风雨送春归，

飞雪迎春到。

已是悬崖百丈冰，

犹有花枝俏。

俏也不争春，

只把春来报。

待到山花烂漫时，

她在丛中笑。

毛泽东一出手,就别具一格,不落俗套。不仅反陆游之道而行之,而且与一切古人的咏梅诗词都拉开了距离。毛泽东眼中的梅花不再孤芳自赏,不是孤苦伶仃,更不是孤风苦雨,而是一个不畏严寒的快乐的战士形象,她大公无私,光明磊落、勇敢乐观。当时国际政治环境空前恶劣,同时,国内正处于"三年困难时期",内忧外患,以寒冬作比正恰当不过。毛泽东的咏梅词自有他的考虑,该词的主题是反对赫鲁晓夫集团的修正主义,但是着笔含蓄,通篇散发出一种和谐的美感,即使我们完全不了解当时的历史背景,也丝毫不影响我们强烈地感受到该词的飒爽活泼、俏丽轻快。这种风格在毛泽东诗词中,是极为罕见的。

"风雨送春归,飞雪迎春到。已是悬崖百丈冰,犹有花枝俏。"上阕一开篇虽然是风雨交加、飞雪弥漫,但由于跟"春归""春到"联系在一起,却不乏暖意,面对"百丈冰"却依然"花枝俏"。呈现出来的是一树寒梅傲立风雪的挺拔形象。

下阕是对梅花的由衷赞美。寒梅象征着无产阶级战士英勇无畏、大公无私的革命精神,但是毛泽东在这里没有讲什么大道理,更没有叫喊,只是用最朴实的话语将自己对梅花的喜爱平静和缓地娓娓道来,有如春风化雨,滋润心田。全词总共只有短短的 44 个字,而且犹如儿歌一般朗朗上口,易于记忆,那种朴素优美的感觉却无比动人。读了这首词,我对诗词有了新的认识,那就是高深莫测、艰涩拗口常常难出佳句,而最质朴简单的话语往往能够一下子触摸到美的本质。"俏也不争春,只把春来报。待到山花烂漫时,她在丛中笑",毛泽东使用这种我们日常生活中常用的，同时也是再简单不过的字句所塑造出的意象是何等简洁明快、生动而又富于美感啊！毛泽东写的两首《沁园春》固然是大作品，但这首《卜算子·咏梅》也同样是大手笔。诗人正如一位武术宗师，兼收并蓄，融会贯通，纵是飞花落叶、枯木朽株亦能伤人。这首词问世之后，寒梅这一革命者的象征意象就深入我国人民的心中，成为新的时代的文化精神符号。

最后值得一提的是，我们看到的这首《卜算子·咏梅》并不是毛泽东最初的版本。毛泽东在最后定稿时对下阕做了两点改动。最初他写的是"梅亦不争春，只把春来报。待到山花烂漫时，她在旁边笑"。"梅亦"改成了"俏也"，这个改动我想大约是为了音韵的和谐，关系不大，但是"旁边"改成"丛中"，就改得非常讲究了，一个是作为旁观者在一边笑，一个是在花丛中和大家一起笑。后者更加体现了梅花大公无私的精神，所以形象更加温暖动人。而对个别字句的反复改动，也说明了毛泽东对自己诗词创作的重视和精益求精的精神，充分体现了一代诗人的大家风范。

贰拾柒

满江红·和郭沫若同志

毛泽东《满江红·和郭沫若同志》词意图　傅抱石作

满江红·和郭沫若同志 (1963年1月9日)

小小寰球，有几个苍蝇碰壁。嗡嗡叫，几声凄厉，几声抽泣。蚂蚁缘槐夸大国，蚍蜉撼树谈何易。正西风落叶下长安，飞鸣镝。

多少事，从来急；天地转，光阴迫。一万年太久，只争朝夕。四海翻腾云水怒，五洲震荡风雷激。要扫除一切害人虫，全无敌。

大江东去赋壮词

——《满江红·和郭沫若同志》赏析

《满江红·和郭沫若同志》是毛泽东晚年的大作品之一，创作于 1963 年 1 月 9 日，其中不乏格言警句，颇为世人熟知。当时毛泽东读到了郭沫若于 1963 年 1 月 1 日发表在《光明日报》上的《满江红·领袖颂——一九六三年元旦书怀》：

"沧海横流，方显出英雄本色。人六亿，加强团结，坚持原则。天垮下来擎得起，世披靡矣扶之直。听雄鸡一唱遍寰中，东方白。

太阳出，冰山滴；真金在，岂销铄？有雄文四卷，为民立极。桀犬吠尧堪笑止，泥牛入海无消息。迎东风革命展红旗，乾坤赤。"

郭沫若此词写得好（其中，如"沧海横流，方显出英雄本色""泥牛入海无消息"等等，到现在仍然是我们耳熟能详的名句），同时颇合毛泽东心意。毛泽东读后心潮澎湃，便写下该词和郭沫若。这是一首政论诗，也可以说是一篇战斗檄文。自 20 世纪 50 年代末期中苏关系开始出现裂痕到 1963 年中苏彻底决裂，"反修"一直是毛泽东诗词创作的一个主题，他前后写了多首"反修"诗词，这一首最负盛名。

上阕起句"小小寰球，有几个苍蝇碰壁"，一上来就把全词的格局和气势定得非常大。毛泽东喜欢在诗词中使用大词我们早已熟知，但是把整个人类生存的地球叫作"小小寰球"，把美帝苏修等几股势力的反华活动看作苍蝇碰壁，这样大的口气似乎还是空前的。"蚂蚁缘槐夸大国"，《对〈毛泽东诗词〉中若干词句的解释》（1964 年 1 月 27 日）中毛泽东的自注："是汤显祖《南柯记》里的故事。"

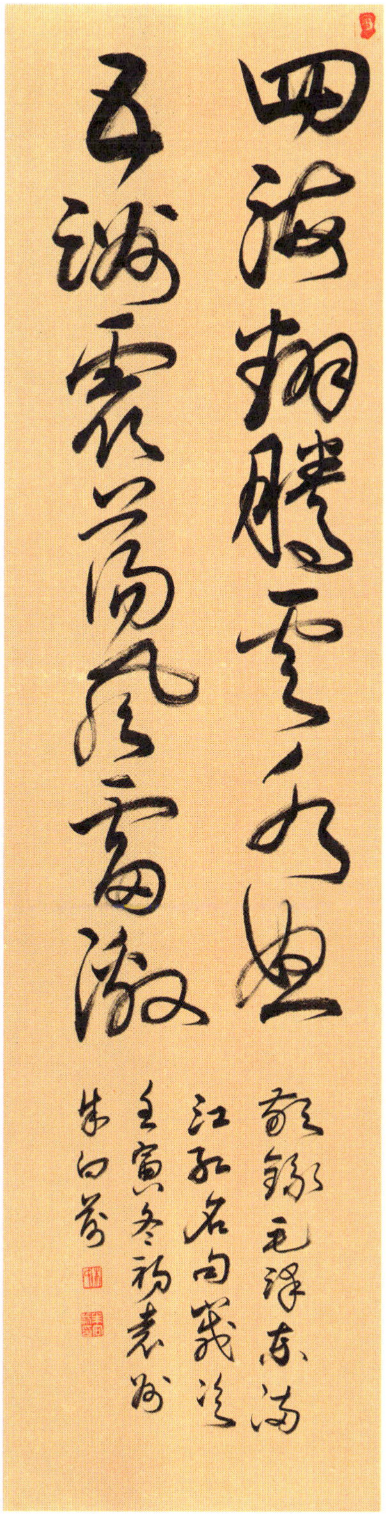

四海翔腾云外里
五洲云涌风雷激

龙飞元浮东海
江孔名句赛迷
壬寅冬初表所
朱向前

《四海五洲联》 朱向前书

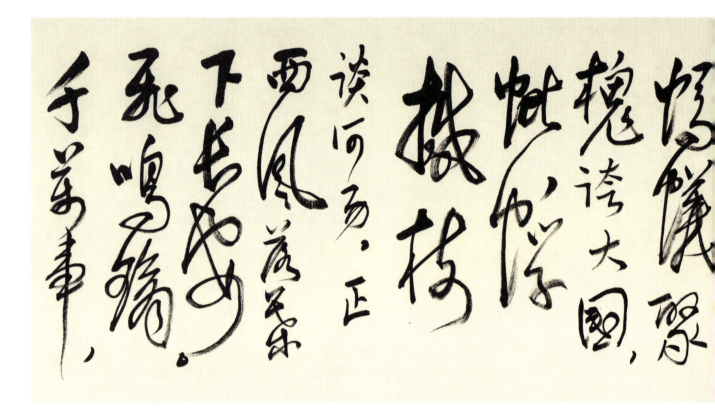

临毛泽东书《满江红·和郭沫若同志》　朱向前

满江红

和郭沫若

小小寰球，
有几个
苍蝇碰壁。
嗡嗡叫，
几声
凄厉，
几声
抽泣。
蚂蚁缘槐夸大国，
蚍蜉撼树谈何易。
正西风
落叶下长安，
飞鸣镝。

多少事，
从来急；
天地转，
光阴迫。
一万年
太久，
只争
朝夕。
四海翻腾
云水怒，
五洲
震荡
风雷激。

《只争朝夕》榜书　朱向前书

其实这个南柯一梦的典故出自唐代李公佐的《南柯太守传》。毛泽东用这个典故的意图就是嘲笑赫鲁晓夫集团以"老子党""老大哥""超级大国"自居，对我国内政外交横加干涉。"蚍蜉撼树谈何易"取自唐代韩愈的《调张籍》："蚍蜉撼大树，可笑不自量。"与上句意思相同，意思是一切反华行动都是不自量力的可笑行为。"正西风落叶下长安，飞鸣镝"这两句，毛泽东自己的解释是："'正西风落叶下长安'，虫子怕秋冬。形势变得很快，那时是'百丈冰'，而现在正是'四海翻腾云水怒，五洲震荡风雷激'了。从去年起，我们进攻，九月开始写文章，一评苏共中央的公开信。""'飞鸣镝'指我们的进攻。"（参见《对〈毛泽东诗词〉中若干词句的解释》）关于词句的意思，毛泽东自己解释得已经非常清楚了。毛泽东所说

的"正西风落叶""飞鸣镝"是说我们的进攻。自 1963 年 9 月毛泽东发表《苏共领导同我们分歧的由来和发展——一评苏共中央的公开信》开始，我们就犹如秋风扫落叶一般，势必要彻底打垮敌人。

下阕中"多少事，从来急；天地转，光阴迫。一万年太久，只争朝夕。四海翻腾云水怒，五洲震荡风雷激。要扫除一切害人虫，全无敌。"毛泽东的解释是："你要慢，我就要快，反其道而行之。你想活一万年？没有那么长。我要马上见高低，争个明白，不容许搪塞。但其实时间在我们这边，'只争朝夕'，我们也没有那么急。"这也是针对苏联赫鲁晓夫集团说的。

这首词纵论天下大势，吞吐时代风云，举重若轻，快意恩仇，确实喊出了在特定历史背景下一个民族的心声，像"蚂蚁缘槐夸大国，蚍蜉撼树谈何易""一万年太久，只争朝夕""四海翻腾云水怒，五洲震荡风雷激""要扫除一切害人虫，全无敌"……一时间脍炙人口，妇孺老幼皆人人脱口能诵。如果要统计警句名言被引用率，这首词当居于前列。

贰

拾

捌

贺新郎·读史

毛泽东词意图　傅抱石作

贺新郎·读史 (1964 年春)

人猿相揖别。只几个石头磨过，小儿时节。铜铁炉中翻火焰，为问何时猜得，不过几千寒热。人世难逢开口笑，上疆场彼此弯弓月。流遍了，郊原血。

一篇读罢头飞雪，但记得斑斑点点，几行陈迹。五帝三皇神圣事，骗了无涯过客。有多少风流人物？盗跖庄蹻流誉后，更陈王奋起挥黄钺。歌未竟，东方白。

269

一篇读罢头飞雪
——《贺新郎·读史》赏析

　　毛泽东一生作过两首《贺新郎》，一首是写给杨开慧的深情与豪迈并至的《贺新郎·别友》，作于 1923 年年底，那时毛泽东还是一个 30 出头的年轻人。而写作这首《贺新郎·读史》时，毛泽东已经年过七旬，是一个古稀老人了。与《贺新郎·别友》不同的是，《贺新郎·读史》是毛泽东一生嗜书如命、苦读不倦，结合对历史对人生认识的大成和总结。他在这首词里体现出的理性、通达、透彻、妙悟和伟人风范都让人叹为观止，景行行止。读到一代伟人、开国领袖写下的"人世难逢开口笑，上疆场彼此弯弓月""一篇读罢头飞雪，但记得斑斑点点，几行陈迹""歌未竟，东方白"这样从容豁达、充满命运感的、胜似绝代大儒写出的句子的时候，我的心中霎时充满了慨叹和感动。在毛泽东逝世这么多年以后，沧海桑田，天翻地覆，尽管没有亲眼看过毛泽东的风采，但我通过各种间接方式在一段时间内反复触摸了政治、军事、哲学、历史、诗词以及精神巨人毛泽东，感受到了他雄大的魅力。

　　人类的历史十分久远，前面短短的几千年，我们何必去反复探究？

　　读罢一卷书，满头飞白雪，只记得旧书中模糊的字迹。谁是英雄，谁是贼寇，这不是轻易能够说清楚的。人说"盖棺论定"，其实，就算是盖了棺也未必能够论定，盗跖、庄蹻、陈胜、吴广他们怎么能够想到自己会流誉千载呢？

　　在咏史诗领域，我还没有读到哪部作品有这样飞鸿踏雪一般的

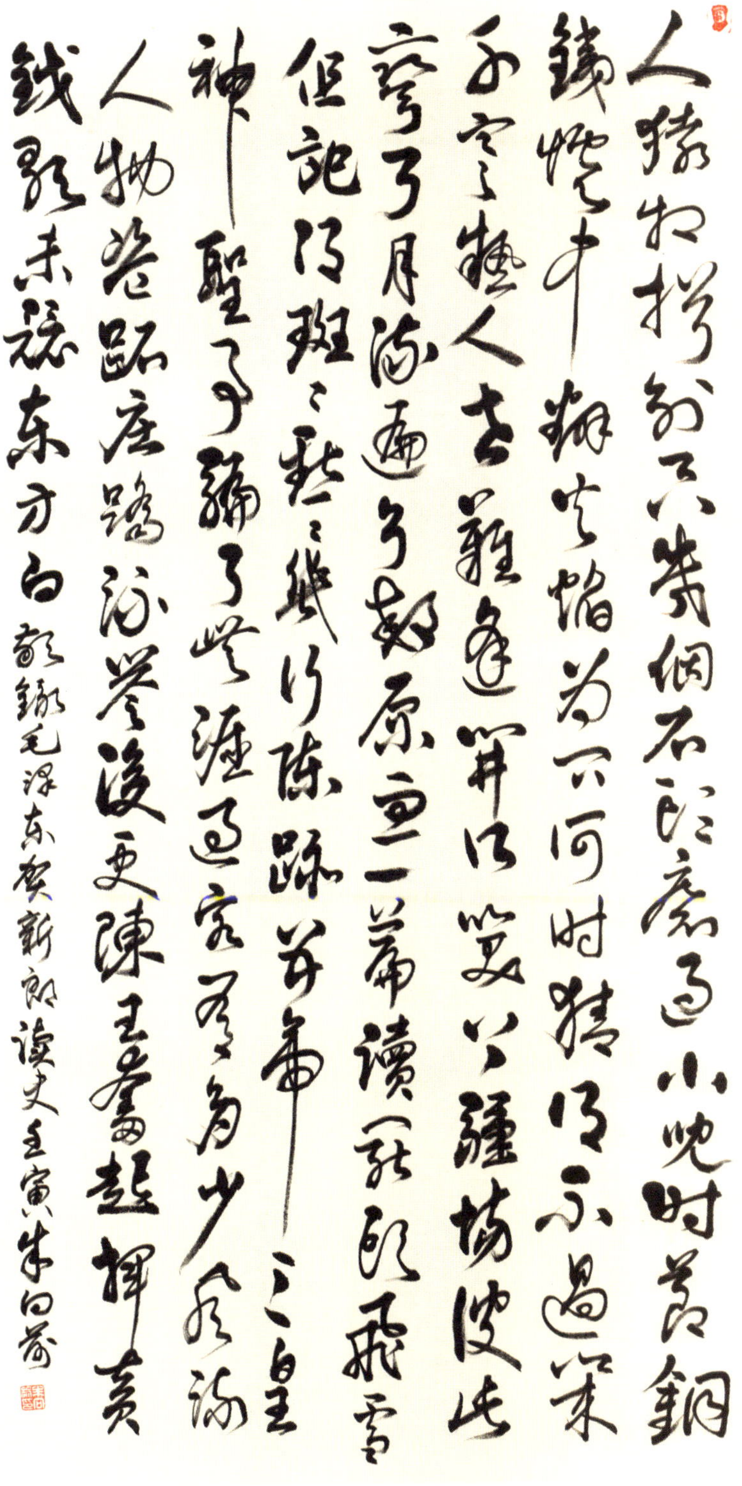

人猿相揖别。只几个石头磨过，小儿时节。铜铁炉中翻火焰，为问何时猜得？不过几千寒热。人世难逢开口笑，上疆场彼此弯弓月。流遍了，郊原血。

一篇读罢头飞雪，但记得斑斑点点，几行陈迹。五帝三皇神圣事，骗了无涯过客。有多少风流人物？盗跖庄屩流誉后，更陈王奋起挥黄钺。歌未竟，东方白。

录毛泽东贺新郎·读史 壬寅朱白荷

毛泽东《贺新郎·读史》 朱向前书

概括力。短短的 115 个字，毛泽东把人类历史全部概括，并且明确地提出了自己的观点，由于毛泽东阅读的深度和广度以及思索的精到、理解的深刻，《贺新郎·读史》句句蕴含着思维的火花和深刻的哲理。正如毛泽东所说："我一生最大的爱好是读书"，"人有了学问，好比站在山上，可以看到很多东西。没有学问，好比在暗沟中走路，摸索不着，那会苦煞人的"。我认为，这首词在毛泽东诗词中是一道特殊的景观，很好地证明了毛泽东一生"读奇书，交奇友，做奇事，做一个奇男子"的雄奇抱负以及书海掣鲸、睥睨群雄的深厚学养和超凡智慧。

"歌未竟，东方白。"预言也，寓言也。

一篇讀罷頭飛雪

軟錄瓦浮西藩新郎讀史一篇讀罷頭飛雪敬未就東方白

歲次癸卯金秋春曲負盥郎朱白蘅

《一篇读罢头飞雪》 朱向前书

273

水调歌头·重上井冈山

《井冈山黄洋界》 傅抱石作

水调歌头·重上井冈山 （1965 年 5 月）

久有凌云志，重上井冈山。千里来寻故地，旧貌变新颜。到处莺歌燕舞，更有潺潺流水，高路入云端。过了黄洋界，险处不须看。

风雷动，旌旗奋，是人寰。三十八年过去，弹指一挥间。可上九天揽月，可下五洋捉鳖，谈笑凯歌还。世上无难事，只要肯登攀。

井冈山：毛泽东心中第一山

——《水调歌头·重上井冈山》赏析

《水调歌头·重上井冈山》和《念奴娇·井冈山》是毛泽东在一周内写成的。它们题材相同，主题相同，创作背景也相同，而作者在两首词中所表现出来的心态、立意也十分相似。所不同的是，《水调歌头·重上井冈山》更受毛泽东喜爱，毛泽东生前就将其发表（1976年1月，《诗刊》将其与毛泽东于1965年秋天创作的《念奴娇·鸟儿问答》一同刊载），而《念奴娇·井冈山》则在毛泽东逝世10周年之际才在人民文学出版社1986年9月版《毛泽东诗词选》中正式发表。

1965年5月22日，毛泽东回到38年前曾经战斗过的井冈山革命根据地，在这里待了一周。从1927年10月率领秋收起义部队来到井冈山创建第一个农村革命根据地，到1934年10月红军主力被迫离开江西中央苏区进行二万五千里长征，毛泽东在江西战斗了整整7年。对于毛泽东来说，这艰难的7年自然是毕生难忘。在这7年当中，不单是中国共产党领导的工农武装割据斗争跌宕起伏，由小到大，再由大到小，毛泽东个人的政治生涯也是几落几起，艰难多舛。井冈山时期的毛泽东，几次被剥夺指挥权，屡受批评，而且还身染重病，险些丧命。或许是革命受挫和人生失意，反而使得毛泽东写出了优秀的诗词作品，如《西江月·井冈山》《采桑子·重阳》《渔家傲·反第一次大"围剿"》《菩萨蛮·大柏地》《清平乐·会昌》等，共10首左右，都是十分难得的佳作。这些作品当中，跟这两首"井冈山"血缘上最为接近的当然是毛泽东作于1928年秋天的《西

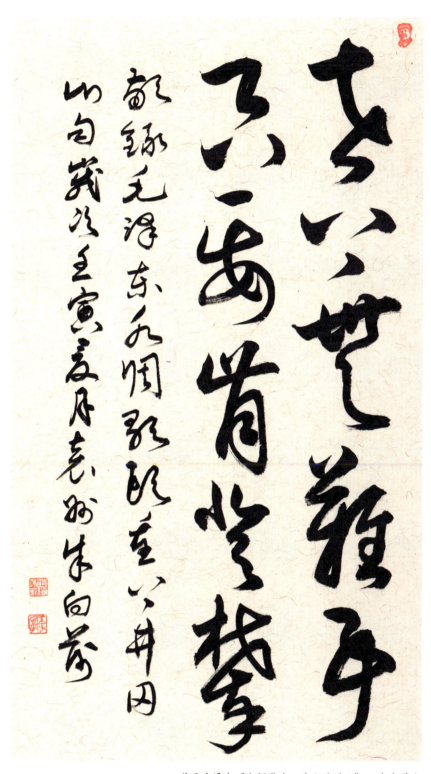

世上无难事，只要肯登攀

节录毛泽东《水调歌头·重上井冈山》　朱向前书

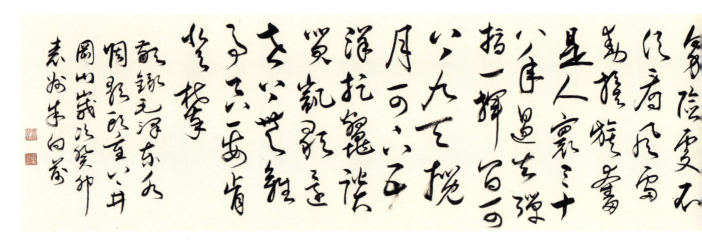

毛泽东《水调歌头·重上井冈山》　朱向前书

江月·井冈山》。《西江月·井冈山》标志着红军在井冈山站稳了
脚跟，而这两首关于井冈山的词则是抚今追昔，感叹人世沧桑变化
之作。相同的题材用三首词来反复吟咏，这在毛泽东诗词创作中也
是罕见的（只有写杨开慧的《虞美人·枕上》《贺新郎·别友》《蝶
恋花·答李淑一》《七律·答友人》堪称三首半，可一比）。井冈
山，无疑是毛泽东心中第一山。

　　《水调歌头·重上井冈山》上阕："久有凌云志，重上井冈山。
千里来寻故地，旧貌换新颜。"其中的"凌云志"是一语双关，既
表明毛泽东很久以来一直渴望重游故地登高远望，又表明他年纪虽
大，却有青云之志。回到阔别多年的革命根据地，他看到的景象是
什么？"旧貌变新颜。"何以见得？"到处莺歌燕舞，更有潺潺流水，
高路入云端。"昔日的山村已经变得热闹和繁荣起来。《念奴娇·井
冈山》中也有类似的场景描写。"故地重来何所见"？昔日"炮声隆"
的黄洋界今日已经是车来车往。

《谈笑凯歌还》　朱向前书

《水调歌头》 朱向前书

　　下阕是议论兼抒情："风雷动，旌旗奋，是人寰。三十八年过去，弹指一挥间。可上九天揽月，可下五洋捉鳖，谈笑凯歌还。世上无难事，只要肯登攀。" 38 年转瞬而过，世事的变化多么大啊！毛泽东想到的是什么呢？"可上九天揽月，可下五洋捉鳖，谈笑凯歌还" "世上无难事，只要肯登攀"。这几句体现了毛泽东对于人的精神的看法。毛泽东的思想很重要的一部分就是人定胜天的斗争思想，他看重 "精神原子弹" 的作用，他常说 "人还是要有一点精神的"。毛泽东相信只要努力，没有什么事情是人办不到的。从 1927 年初上井冈山到现在，整整 38 年过去，人世沧海桑田之变正 "似天渊翻覆"。而当年的斗争形势是多么严峻啊！每一次反 "围剿" 战斗几乎都是敌我力量悬殊下的对抗，那种九死一生的感觉历历如昨。一切都指向了

《重上井冈山》　朱向前书

一个结论：世上无难事，只要肯登攀！

《水调歌头·重上井冈山》流传极广，尤其是"可上九天揽月，可下五洋捉鳖""世上无难事，只要肯登攀"两句，可视为毛泽东一生革命实践最凝练、最豪迈的经验总结和诗化表达，也可以看作毛氏箴言，它鼓舞和激励了几代中国人民发扬蹈厉、勇往直前。

《念奴娇·井冈山》在气势上要比《水调歌头·重上井冈山》弱一些，毛泽东生前就没有将其拿出来发表，想必毛泽东是先写的《念奴娇·井冈山》，自己改来改去还是不满意，干脆改弦更张，换个词牌重新写一首，于是我们就看到了结构更精美、语言更洗练、语义更丰满、立意更高远、气势更宏伟的《水调歌头·重上井冈山》。

这个诗人的诗魂，正是新中国的诗魂（代跋）

朱向前

一

多种资料表明，毛泽东第一次口头公开朗诵和书面发表的诗都是同一首诗——《七律·长征》。1935 年 10 月初，毛泽东率领红一方面军翻过六盘山来到甘肃通渭，在城东一所小学校里召开副排长以上干部会，毛泽东在会上讲解了长征的意义之后，兴致颇高地朗诵了这首诗。而据斯诺在《复始之旅》（1958 年版）一书中讲，1936 年 10 月他在陕西保安采访毛泽东时，"他（毛泽东——引者注）为我亲笔抄下了他作的关于红军长征的一首诗。在他的译员的帮助下，我当场用英文意译了出来"。后来，斯诺把《七律·长征》收进了 1937 年出版的《红星照耀中国》（英文版）一书。该书的第一个中译本于 1938 年 2 月由上海复社翻译出版，并易名为《西行漫记》，其中《长征》一章即以此诗结尾。从此，《七律·长征》走向了社会，走向了世界。

毛泽东第二首正式公开发表的作品就是人们熟知的《沁园春·雪》。1945 年 11 月 14 日由重庆《新民报晚刊》发表，编辑吴祖光还加了一段著名的按语："毛润之先生能诗词，似鲜为人知。客有抄得其《沁园春·雪》一词者，风调独绝，文情并茂，而气魄之大乃不可及。据毛氏自称，则游戏之作，殊不足为青年法，尤不足为外人道也。"两天后《大公报》转载，随之重庆各报刊密集推出和词不下50首，评论不下20篇，词坛巨擘柳亚子和国共两党要员陈毅、郭沫若、邓拓、张道藩、陈布雷等纷纷披挂上阵，上演了一出中国诗歌史上空前的文化大战。

自20世纪40年代始，毛泽东的长征诗（包括《七律·长征》《忆秦娥·娄山关》《清平乐·六盘山》等）和《沁园春·雪》等就以油印、手抄等形式在根据地、解放区流传，初步铺垫了毛泽东的大诗人形象。只是由于随后解放战争三大战役、新中国诞生以及抗美援朝战争接踵而至，毛泽东主要还是以一个大时代弄潮儿的领袖形象闻名于世，在日理万机的闲暇中吟咏的那点"诗词余事"（郭沫若语）就基本上隐而不彰了。

二

真正把毛泽东作为一个大诗人形象推到历史前台的机缘是《诗刊》创刊。1956年6月中国作家协会决定创办《诗刊》，并调作协书记处书记臧克家着手筹备工作并准备出任主编。筹备期间，编辑部同志大胆地突发奇想，要把社会上流传甚广的8首毛泽东诗词收集整理并上书毛泽东，请作者亲自订正并授权《诗刊》创刊号正式发表！这一举动在当时不啻异想天开，为实现这个梦想，他们绞尽脑汁，想出了一个最智慧和诗性的表达，在给毛泽东的信中写道："亲爱的毛主席：中国作家协会决定明年元月创办《诗刊》，想来您喜欢听到这个消息，因为您一向关心诗歌，因为您是我们最爱戴的领袖，同时也是我们最爱戴的诗人……我们请求您，帮我们办好这个诗人们自己的刊物，给我们一些指示，给我们一些支持。"

注意，"诗眼"出来了——"诗人们自己的刊物"，说得多好啊！随后，提出了具体请求："我们希望在创刊号上，发表您的八首诗词。"理由非常具有说服力——"因为它们没有公开发表过，群众相互抄诵，以致文句上颇有出入。有的同志建议我们：要让这些诗流传，莫如请求作者允许，发表一个定稿。"多么地有理有节啊！但且慢，这还没完呢——"其次，我们希望您能将外边还没有流传的旧作或新诗寄给我们。那对我国的诗坛，将是一件盛事；对我们诗人，将是极大的鼓舞。"

《诗刊》同人接下来就是翘首期盼，一日三秋。因为 1 月份的创刊号就要发排了，可年底还没有毛泽东的回音。终于，新年元旦刚过，值班主编徐迟便接到了毛泽东的秘书田家英的电话。田家英告知说，你们给主席的信收到了，并且主席同意发表他的诗词，还问何时发稿。元月 12 日，编辑部又接到电话，说中央有重要信件要负责人等候接收。不一会儿，中国文联总收发室电告中央急件送到，正在等候的刘钦贤跑去取回，徐迟开封，露出了毛泽东的一封亲笔信和 18 首诗词，除了修订了那 8 首，又加上了不同时期的 10 首，让大家喜出望外。更让大家如获至宝的是毛泽东的亲笔信。信曰：

克家同志和各位同志：

惠书早已收到，迟复为歉！遵嘱将记得起来的旧体诗词，连同你们寄来的八首，一共十八首，抄寄如另纸，请加审处。

这些东西，我历来不愿意正式发表，因为是旧体，怕谬种流传，遗误青年；再则诗味不多，没有什么特色。既然你们认为可以刊载，又可为已经传抄的几首改正错字，那末，就照你们的意见办吧。

《诗刊》出版，很好，祝它成长发展。诗当然应以新诗为主体，旧诗可以写一些，但是不宜在青年中提倡，因为这种体裁束缚思想，又不易学，这些话仅供你们参考。

同志的敬礼！

三

元月 14 日，毛泽东又邀约臧克家和袁水拍等人到中南海颐年堂谈诗，他明确表达了对新诗现状的不满意以及希望，认为新诗太散漫，记不住；应该精练、整齐，押大体相同的韵；出路在于民歌、古典诗词基础上的结合，言谈中明确表露了对古典诗词的偏好……涉猎甚广，思考匪浅，以至于臧、袁二位大诗人颇为讶异甚至难以应对。但当臧克家反映《诗刊》创刊号因纸张紧张只能印一万份的困难时，毛泽东爽快地当场答应加印到五万份。

《诗刊》创刊号集中推出的 18 首毛泽东诗词——《沁园春·长沙》《菩萨蛮·黄鹤楼》《西江月·井冈山》《如梦令·元旦》《清平乐·会昌》《菩萨蛮·大柏地》《忆秦娥·娄山关》《十六字令三首》《七律·长征》《清平乐·六盘山》《念奴娇·昆仑》《沁园春·雪》《七律·赠柳亚子先生》《浣溪沙·和柳亚子先生》《浪淘沙·北戴河》《水调歌头·游泳》，立刻以诗史合一的史诗品格、天风海浪般的磅礴气势、光昌流丽的华美文辞以及瑰丽奇谲的浪漫想象，征服了无数读者。创刊号一经面世便形成了群众排队争购、一本难求的火爆场面，加之随后郭沫若、张光年、臧克家等人的赏析解读文章的助力，全国掀起了第一次学习毛泽东诗词的热潮。

四

客观地说，这是《诗刊》的一件大事，是新中国诗歌界、文学界乃至文化界的一件大事，同时也是毛泽东创作生涯中的一件大事。这是他第一次也是最大规模的一次亲自审定并公开发表自己的诗词。而且这时候，毛泽东的领袖声望正如日中天。当此之际，隆重推出这一批诗词意味着什么，将要产生何种影响，毛泽东应该心中有数。它甚至可能成为一种导向，变成一种风尚。但恰恰又是这一点似乎与五四运动以来的新文化建设方向不甚合拍。正是顾念于此，毛泽东才专门给臧克家等人写信，特别指出"青年不宜"，预先泼了泼冷水。但这只说出了一半意思，更深层的另一半意思，此后不久，他亲口对时任湖北省委副秘书长的梅白说出来了，他说："那（给臧的信——引者注）是针对当时的青少年说的，旧体诗词有许多讲究，音韵、格律很不易学，又容易束缚人们的思想，不如新诗那样自由。但另一方面，旧体诗词源远流长，不仅像我们这样的老年人喜欢，而且像你们这样的中年人也喜欢。我冒叫一声，旧体诗词要发展，要改造，一万年也打不倒。因为这种东西最能反映中华民族和中国人民的特性和风尚，可以兴观群怨嘛！哀而不伤，温柔敦厚嘛！"（参见《毛泽东与梅白谈诗》，载《文摘周报》1987 年 3 月 26 日）

我认为这一段话才是毛泽东真实而坚定的诗歌理念，表明了他对中国古典诗词乃至中华传统文化的强大自信，也包括了他对自己创作水平的清醒定位。

后来在一次大会讲话中，毛泽东又特地从民歌问题讲到中国诗歌发展的出路问题，指出，中国诗的出路，第一条是民歌，第二条是古典，这两面都提倡学习，结果要在这个基础上产生出新诗来。形式是民族的，内容是现实主义与浪漫主义的对立统一。

"第一条是民歌"，强调的是源头活水，是大众化，是普及。这和他《在延安文艺座谈会上的讲话》中提出的"人民文艺观"是一脉相承的。甚至更早，在1938年的《中国共产党在民族战争中的地位》中，他就提出了"文学的民族形式"问题，要求"把国际主义的内容和民族形式"结合起来，创造"新鲜活泼的，为中国老百姓所喜闻乐见的中国作风和中国气派"。"第二条是古典"，强调的是历史遗产，是普及基础上的提高，要分出一个文野、高低、粗细来。

五

思考成熟、清晰并明确表达之后，毛泽东对发表、宣传自己作品的态度也由被动地应对一改而为积极主动地配合与支持。1958年7月1日，毛泽东为了抓紧发表新写的《七律二首·送瘟神》，专门致信胡乔木——"乔木同志：睡不着觉，写了两首宣传诗，为灭血吸虫而作。请你同《人民日报》文艺组同志商量一下，看可用否？如有修改，请告诉我。如可以用，请在明天或后天《人民日报》上发表，不使冷气。灭血吸虫是一场恶战。诗中坐地、巡天、红雨、三河之类，可能有些人看不懂，可以不要理他。过一会，或须作点解释。"然后，又亲自写了《七律二首·送瘟神·后记》供发表。过了不到半年，又破天荒地在文物出版社 1958 年 9 月刻印的大字本《毛泽东诗词十九首》的书眉上逐首写下"作者自注"，并于 1958 年 12 月 21 日上午 10 时写下一段"批注说明"——"我的几首歪词，发表以后，注家蜂起，全是好心。一部分说对了，一部分说得不对，我有说明的责任。一九五八年十二月，在广州，见文物出版社一九五八年九月刊本，天头甚宽，因而写了下面一些字，谢注家，兼谢读者。"于此可见毛泽东对自己作品问世后的关注度，还颇有兴致与评家、注家和广大读者互动。

此后，收到 1962 年 1 月 5 日《人民文学》编辑部关于请求发表《词六首》（《清平乐·蒋桂战争》《采桑子·重阳》《减字木兰花·广昌路上》《蝶恋花·从汀州向长沙》《渔家傲·反第一次大"围剿"》《渔家傲·反第二次大"围剿"》）的来信后，毛泽东的处理方式就比致《诗刊》的信爽快多了，有更洒脱的一面，也有更严谨的一面。"更洒脱"指的是直接为《人民文学》五月号发表《词六首》写了一个引言："这六首词，是一九二九——一九三一年在马背上哼成的，通忘记了。《人民文学》编辑部的同志们搜集起来寄给了我，要求发表。略加修改，因以付之。"寥寥数语，以少胜多，本来"通忘记了"，既然失而复得，那就发表吧，何其潇洒！

"更严谨"指的是，当毛泽东 5 月 9 日看了郭沫若应邀为五月号《人民文学》写的《喜读毛泽东词六首》一文清样后，竟然将其中关于《忆秦娥·娄山关》写作背景的一大段话全部删去，然后以郭沫若的口吻，重新写下了关于《忆秦娥·娄山关》写作背景的近千文字！为他人捉刀给自己解词，真乃古今罕见也！这说明此时毛泽东对自己诗词的重视与自信已经达到了一个空前的高度。

因此，人民文学出版社1963年版的《毛泽东诗词》（37首）也就呼之欲出了。虽然是顺理成章、水到渠成，而且其中三分之二的作品都已经在《诗刊》《人民文学》等国家大刊上发表过，但毛泽东还是如临如履，出版前专门授意召开了一个超高规格座谈会征求意见。毛泽东为此用铅笔写了两张便条，一张写道："我写的这些东西请大家议一议"；一张写着拟请出席座谈会的人员名单，计有朱德、邓小平、彭真、郭沫若、周扬、田家英、何其芳、冯至、田间、袁水拍、臧克家等中央和文化部门领导以及著名诗人20余人。而且，在外文出版发行事业局翻译出版英译本之后，1964年1月，毛泽东又应英译者的请求，就诗词中的有关词句一一做了口头解释，经整理成文，共计32条，2000余字。在我看来，此时的毛泽东，已不仅仅把诗词看成他个人的立言，而是给中国革命立言，给中国共产党立言，给中国人民立言！

六

事实证明，毛泽东诗词征服了一代又一代的中国人，以至他的敌人也为之折腰。其风靡程度一度超过了中国历史上的任何诗人诗作。如果说当年这种风靡确有很多非诗因素的话，那么，进入新世纪以来直到今天，毛泽东离开我们43年了，可他的诗词依然频频出现在舞台、荧屏、教科书和文学、音乐、书画作品乃至酒店、客厅、会议室、农家乐、宾馆大堂以及上至领袖人物、下至普通群众的亿万人的口碑中。经过少则半个多世纪多则近百年的时光淘洗，毛泽东诗词中的上乘之作（我个人认为约 25 首）已然完成了一个经典化的过程（如《沁园春·长沙》面世已 94 年、《忆秦娥·娄山关》《七律·长征》已面世 84 年、《沁园春·雪》已面世 83 年等），作为晶莹璀璨的浪花汇入瑰丽壮阔的中华文化长河之中。

著名诗人贺敬之在 1996 年 8 月 16 日北京首届毛泽东诗词国际学术研讨会致开幕词中的一段话讲得好："毛泽东诗词之所以被中国人民视为精神上的珍宝，最根本的原因，是因为我们在这些诗词中，看到了近现代中国的活的姿影，看到了近现代中华民族在求解放、求富强的艰苦奋斗中锤炼出来的伟大的民族精神。""一位外国朋友曾经说过：'一个诗人赢得了一个新中国。'这句话为人们所乐于称引，这是因为这个诗人的诗魂，正是新中国的民族魂。"

诚哉斯言。一个诗人赢得了一个新中国，同时也赢得了一个诗的中国！

（原载 2019 年 5 月 17 日《光明日报》）

图书在版编目（CIP）数据

江山如此多娇——毛泽东诗词书情画意 / 朱向前著 . —南昌：江西美术出版社，
2023.12

ISBN 978-7-5480-9195-0

Ⅰ . ①江… Ⅱ . ①朱… Ⅲ . ①毛主席诗词 - 鉴赏 Ⅳ . ① A841.4

中国国家版本馆 CIP 数据核字 (2023) 第 227108 号

出 品 人：刘　芳

书稿统筹：李伍强

责任编辑：廖　鹏

责任印制：张维波　谭　勋

装帧设计：韩　超

电脑制作：黄　明

江山如此多娇——毛泽东诗词书情画意
JIANGSHAN RUCI DUOJIAO MAOZEDONG SHICI SHUQING HUAYI

著　者：朱向前

出　版：江西美术出版社

社　址：南昌市子安路 66 号

邮　编：330025

电　话：0791-86565506

经　销：全国新华书店

印　刷：武汉精一佳印刷有限公司

版　次：2023 年 12 月第 1 版

印　次：2023 年 12 月第 1 次印刷

开　本：889mm×1194mm　1/16

印　张：19

ISBN 978-7-5480-9195-0

定　价：148.00 元

本书由江西美术出版社出版。未经出版者书面许可，不得以任何方式抄袭、复制或节录本书的任何部分。

本书法律顾问：江西豫章律师事务所　晏辉律师

版权所有，侵权必究